SABER ESPERAR

Fabio Paglieri

SABER ESPERAR

COMO ALCANÇAR O EQUILÍBRIO
ENTRE IMPACIÊNCIA E PROCRASTINAÇÃO

Dados Internacionais de Catalogação na Publicação (CIP)
(Câmara Brasileira do Livro, SP, Brasil)

Paglieri, Fabio
  Saber esperar : como alcançar o equilíbrio entre impaciência e procrastinação / Fabio Paglieri ; tradução de Dayana Loverro. - - São Paulo : Paulinas, 2021.
  144 p. (Psicologia aplicada)

  Bibliografia
  ISBN 978-85-356-4607-8
  Título original: Saper aspettare: come destreggiarsi fra impazienza e pigrizia

  1. Psicologia 2. Autodomínio 3. Paciência 4. Autoconhecimento 5. Procrastinação I. Título II. Loverro, Dayana.

20-1473   CDD-158.1

Índice para catálogo sistemático:
1. Psicologia : Autocontrole   158.1

Título original da obra: *Saper asperttare: come destreggiarsi fra impazienza e pigrizia*
© 2014 by Società Editrice Il Mulino, Bologna

1ª edição – 2021

Direção-geral:	Flávia Reginatto
Editora responsável:	Andréia Schweitzer
Tradução:	Dayana Loverro
Copidesque:	Simone Rezende
Coordenação de revisão:	Marina Mendonça
Revisão:	Sandra Sinzato
Gerente de produção:	Felício Calegaro Neto
Diagramação:	Jéssica Diniz Souza

Nenhuma parte desta obra poderá ser reproduzida ou transmitida por qualquer forma e/ou quaisquer meios (eletrônico ou mecânico, incluindo fotocópia e gravação) ou arquivada em qualquer sistema ou banco de dados sem permissão escrita da Editora. Direitos reservados.

Paulinas
Rua Dona Inácia Uchoa, 62
04110-020 – São Paulo – SP (Brasil)
Tel.: (11) 2125-3500
http://www.paulinas.com.br – editora@paulinas.com.br
Telemarketing e SAC: 0800-7010081
© Pia Sociedade Filhas de São Paulo – São Paulo, 2021

A Mattia e Davide, as melhores esperas,
e a Manuela, por não querer esperar.

SUMÁRIO

INTRODUÇÃO...**9**

1. PORQUE É IMPORTANTE SABER ESPERAR............................**15**

2. POR QUE NÃO CONSEGUIMOS ESPERAR?...........................**33**

3. OS CUSTOS DA ESPERA...**67**

4. PROCRASTINAÇÃO: O PIOR DOS MUNDOS POSSÍVEIS..............**87**

5. APRENDER A ESPERAR..**107**

PARA SABER MAIS **135**

INTRODUÇÃO

"Você deve aprender a esperar!", "Você precisa ser paciente!", "Não seja sempre tão impulsivo!". Todos nós muitas vezes ouvimos repreensões parecidas e, com frequência, nós mesmos pedimos calma aos outros. Ensinamos aos nossos filhos a paciência, cientes de que isso os ajudará em suas vidas, e criticamos as pessoas que se mostram incapazes de tolerar um mínimo atraso, alertando-as sobre os riscos de uma conduta irresponsável e inconstante. Saber esperar é uma virtude, aliás, uma das mais importantes. Não por acaso, das quatro virtudes cardinais, duas se relacionam com a espera: a *fortaleza* (manter firmes os próprios propósitos no tempo) e a *temperança* (moderar-se nas vontades imediatas, a fim de evitar distrações). Portanto, exatamente como uma virtude, a capacidade de esperar deve ser enaltecida e cultivada por nós.

Porém, outras advertências, igualmente familiares, parecem sugerir considerações opostas: "Pare de enrolar!", "É inútil esperar, você precisa tomar uma atitude!", "Pare de adiar ou nunca chegará a lugar algum!". Semelhantes críticas se aplicam a situações em que esperar constitui um vício: esperar se torna demorar, protelar, procrastinar, ou seja, etimologicamente (*pro*, "adiante", e *crastinus*, adjetivação de *cras*, "amanhã"), adiar sempre para amanhã o início de uma atividade considerada árdua, penosa, desagradável. Ao contrário do velho ditado, segundo o qual não se deve deixar para amanhã aquilo que se pode fazer hoje, o procrastinador, conforme a acurada piada de Mark Twain, "nunca deixe para amanhã o que pode fazer depois de amanhã". Desse modo, a espera se prolonga indefinidamente, e esperar se torna um modo de não fazer ao invés de um talento útil para projetos ambiciosos.

Estamos diante de um aparente paradoxo: se por um lado saber esperar é indispensável à realização de qualquer plano de longo prazo, por outro, somos contagiados pelo vírus de uma patologia, na qual a perseverança e a paciência se degeneram em permissividade e indecisão. Em ambos os casos, esperar constitui uma experiência crucial das nossas vidas, mas de sentidos opostos: *positiva*, quando esperar é uma virtude, *negativa* (ou, ainda, desastrosa), quando a espera se torna um vício. Este livro pretende dissolver tal paradoxo, demonstrando as características aparentes: de fato, os dois lados do fenômeno se referem a formas diferentes de espera, claramente distinguíveis entre elas. Ambas dizem respeito à nossa relação com o tempo e à nossa capacidade de gerenciá-lo, mas de maneiras marcadamente diversas, que neste volume buscaremos desvendar. Ao fazê-lo, discutiremos muitos estudos que se dedicaram ao tema da espera em várias disciplinas: Filosofia, Psicologia, Economia, Sociologia, entre outras.

O primeiro capítulo trata da "face agradável" da espera, explicando por que a capacidade de esperar é tão importante para o nosso bem-estar e até mesmo para a nossa sobrevivência, seja individual, seja coletiva. Veremos que a tolerância para a espera é garantia de persistência em um mundo em que os estímulos imediatos mudam e as distrações abundam. Além disso, seria impossível fazer planos sem ter a capacidade de adiar a recompensa – em outras palavras, esperar por um resultado futuro ao invés de contentar-se com uma satisfação menor disponível imediatamente. Importantes estudos longitudinais sobre as crianças (hoje adultos, já que as primeiras pesquisas datam dos anos 1960) mostram como a capacidade de esperar na infância é precursora de grandes benefícios na idade adulta. Por fim, há uma ligação entre a propensão à espera e comportamentos de negociação, econômica ou não: para que duas pessoas possam negociar mercadorias ou serviços de forma eficaz é necessário que cada uma delas aceite pagar um preço de imediato (por exemplo, o custo de uma assinatura de teatro) para usufruir dos benefícios disponíveis em um futuro mais ou menos remoto (as datas em que se terá acesso aos vários espetáculos), mostrando-se capazes de tolerar a espera decorrente. Sem tal capacidade, a organização socioeconômica das sociedades atuais seria impossível – e o mesmo vale para a reciprocidade exibida por outras espécies animais.

Uma vez esclarecida a importância de saber esperar, é natural perguntar-se por que todos nós nos mostramos incapazes de esperar com tanta frequência. Isso é abordado no segundo capítulo. Após analisar numerosas derrotas da nossa perseverança (dietas fracassadas, perdas propositais, planos arruinados), as enquadraremos em uma moldura teórica coerente, baseada em algumas noções de base: o desconto temporal, isto é, o quão rapidamente se desvaloriza uma recompensa futura de acordo com a demora; a inconsistência dinâmica das preferências, ou seja, o surgimento de contrastes entre desejos atuais e futuros; e os conflitos intrapessoais, isto é, as tentativas do Eu presente de influenciar o Eu futuro, e os truques desse último para evitar tais imposições. Assim, veremos que as dificuldades encontradas na espera são devidas a um conjunto complexo de fatores biológicos e culturais que interferem e frequentemente minam a nossa propensão em perseverar.

O terceiro capítulo é, por sua vez, dedicado aos custos da espera e ao seu papel na determinação da nossa capacidade de ter paciência. Esperar, mesmo quando se torna indispensável à concretização de objetivos importantes, é, no entanto, custoso, em um duplo sentido. Por um lado, a própria espera tem custos bem precisos e quantificáveis, seja em termos de monotonia, inquietação e desconforto sofridos enquanto se espera (pense em quão penosas são as filas, mesmo nos raros casos em que duram pouco), seja pelas oportunidades perdidas durante a espera (todas as coisas interessantes que poderiam ser feitas ao invés de perder metade do dia esperando a sua vez). Por outro lado, quando escolhemos renunciar a gratificações imediatas, a fim de conquistar importantes metas futuras, nos encontramos em uma situação que, de todo modo, será geradora de arrependimentos, qualquer que seja a nossa escolha. Ainda que a moral e o senso comum se concentrem sempre nos arrependimentos daqueles que não conseguem perseverar (por exemplo, o estudante que abandona o curso universitário pela metade), estudos recentes revelaram arrependimentos marcadamente iguais também nos "virtuosos", isto é, naqueles que aguentam firmes e alcançam seus objetivos às custas de, porém, repetidas renúncias. Enfim, apesar da célebre fábula, não é só a cigarra que lamenta a sua falta de precaução: também as formigas, ao olhar para trás, com frequência se lamentam de não terem aproveitado a vida um pouco mais, quando podiam. Como veremos, essas dinâmicas de arrependimento tornam mais problemática a escolha de esperar e revelam um novo aspecto de sua ambivalência.

O quarto capítulo dedica-se justamente ao "lado obscuro" da espera, que se concentra na praga da procrastinação. Tal fenômeno é diferenciado, sobretudo, tanto do hedonismo (seguir sempre o impulso dominante), quanto do ócio (não fazer nada): ao contrário, o procrastinador quer, honestamente, fazer algo que considera correto e tenta seriamente fazê-lo, talvez renunciando a recompensas também significativas, e depois não consegue realizar as suas ambições, já que perde tempo em atividades triviais, que geralmente não garantem nem mesmo uma satisfação imediata. Por exemplo, o estudante que, preocupado com o exame, recusa-se conscientemente a sair com os amigos, mas depois, ao invés de empenhar-se em estudar como deveria (e gostaria), passa o dia navegando na internet, arrumando os livros nas prateleiras, assistindo TV, lendo revistas, entre outras atividades, até que, ao chegar a noite, percebe que não estudou nem se divertiu, fazendo outra coisa. Em suma, o procrastinador vive no pior dos mundos possíveis, e justamente isso torna o fenômeno tão preocupante à luz de sua onipresença – todos nós, em algum momento, fomos procrastinadores, e alguns o são de modo crônico. Para diluir essas sombrias reflexões com um raio de esperança, o capítulo conclui discutindo alguns remédios contra a procrastinação: o uso estratégico dos prazos e o método da "procrastinação estruturada" (assegurar-se de sempre fazer algo de útil, enquanto se está adiando outra atividade).

O último capítulo retoma e expande a discussão sobre as soluções contra os nossos maus hábitos em relação à espera. Após enumerar na primeira parte do livro todas as razões pelas quais é tão difícil esperar, mesmo quando nos seria conveniente fazê-lo, é importante esclarecer que a batalha por uma gestão eficaz do próprio tempo não é, de modo algum, perdida desde o início. Ao contrário, existem inúmeras estratégias para treinar a nossa tolerância à espera, cuja eficácia, por maior ou menor que seja, é, de todo modo, real e demonstrada em repetidas pesquisas. Ao discutir os principais antídotos contra a impaciência, nos concentraremos, principalmente, nas resoluções pessoais, no controle da atenção, no papel das emoções, no uso de vínculos externos para controlar a conduta, na instauração de bons hábitos comportamentais e na formação do caráter – tema este já central no pensamento aristotélico, mas, depois, longamente negligenciado; à exceção de seu ressurgimento nos dias atuais graças à psicologia positiva e à ética da virtude. Isso também permitirá resolver definitivamente o aparente dilema sobre a "dupla face" da espera, e nos ensinará algo sobre a difícil arte de esperar: ao invés de se exceder em paciência, o que realmente conta é encontrar o correto equilíbrio entre satisfação imediata e autocontrole. Um desafio difícil, mas, definitivamente, ao alcance de todos.

1

PORQUE É IMPORTANTE SABER ESPERAR

Aldo tem um problema: gostaria de começar a poupar um pouco de dinheiro, talvez investindo em alguma aplicação, mas não consegue. Está seriamente convencido de que é importante construir uma sólida base financeira para o futuro, no entanto parece que o dinheiro lhe escorre das mãos: todo mês, de forma inexplicável, gasta tudo o que ganha, por uma razão ou por outra. A irmã dele, Beatriz, também está às voltas com um grande dilema: já há algum tempo decidiu fazer dieta, porque sabe que está com sobrepeso e não está satisfeita com o seu aspecto físico. Para ela, saúde e autoestima são objetivos importantíssimos; contudo, todas as tentativas de moderar os hábitos alimentares continuam a fracassar: mais cedo ou mais tarde (geralmente mais cedo), algo interfere em seus bons propósitos – um jantar com as amigas, uma fatia de bolo especialmente convidativa, a necessidade de conforto após um dia difícil ou comemorar um sucesso inesperado. A amiga dela, Catarina, não está se saindo melhor: precisa estudar para os exames finais da faculdade de Psicologia, à qual se dedica muito, mas dia após dia a tarefa se torna mais árdua. Parece que tudo conspira contra ela: os amigos a convidam para sair nos momentos menos oportunos, o telefone não para de tocar, a sua caixa de e-mails está cheia de mensagens esperando resposta, ao mesmo tempo em que o sol brilha lá fora e a televisão anuncia a transmissão de uma maratona de filmes de seu diretor preferido. Enquanto isso, o namorado dela, Dario, está em casa esparramado no sofá, triste e desconsolado: tinha decidido ir à academia pelo menos três vezes por semana para entrar em forma, pagou o plano anual e comprou roupas e tênis novos, mas é vítima de sua preguiça. Por mais que não tenha grandes coisas a fazer em casa e, inclusive, se sinta envergonhado pelo seu fracasso, quando chega o momento de sair não consegue vencer a tentação de desistir e se dedicar a outra coisa.

Essas histórias de insucesso nos são familiares, porque todos, em algum momento, nos encontramos em circunstâncias parecidas: conscientes da importância de um objetivo distante no tempo, porém incapazes de alcançá-lo por sermos tentados pelas recompensas imediatas – a compra de um bem para Aldo; um docinho para Beatriz; uma tarde de lazer para Catarina; o *dolce far niente* para Dario. Nesses casos, nos encontramos diante da escolha de uma satisfação modesta, porém imediata, e um resultado mais importante, porém mais longínquo no tempo. Na Economia e na Psicologia, decisões desse tipo são chamadas *escolhas intertemporais* e têm sido muito estudadas, já que colocam em contraposição duas regras de fundo do nosso comportamento: a maximização do resultado (mais é melhor que pouco) e a minimização do atraso (antes é melhor que depois). Essa situação é tão habitual e crucial em nossa vida, que assumiu uma forma proverbial: "É melhor o ovo hoje (um pouco mais cedo) ou a galinha amanhã (um pouco depois)?".

Entendamos: saber esperar é essencial, mas não basta para garantir o sucesso em casos parecidos. No caso de Aldo, também é preciso saber escolher bem os investimentos, assim como Beatriz deveria optar por uma dieta realmente eficaz e sem contraindicações; da mesma forma, a qualidade do estudo de Catarina e da ginástica de Dario, caso decidam se dedicar a tais atividades, será crucial para determinar o êxito dos planos deles. Na linguagem da lógica, saber esperar nas escolhas intertemporais é uma condição *necessária*, mas insuficiente para o sucesso dos nossos projetos de longa duração. Todavia, a importância de uma condição necessária não pode ser negligenciada: sem a capacidade de esperar, nenhum projeto de longo prazo pode se realizar.

As vicissitudes de Aldo, Beatriz, Catarina e Dario nos mostram como a recompensa imediata em uma escolha intertemporal geralmente conduz a verdadeiros *fracassos pessoais*: isto é, resultados que os próprios sujeitos considerem insatisfatórios, mesmo tendo sido produzidos por suas livres escolhas. Em alguns casos, a natureza falha do resultado é também objetivamente verificável, geralmente em termos sociais: por exemplo, a incapacidade de adotar regimes alimentares e estilos de vida mais saudáveis é motivo de grave preocupação em muitos países desenvolvidos. Sem contar os efeitos da recompensa imediata no ambiente: os danos são tão difíceis de combater justamente porque os comportamentos danosos são imediatamente convenientes, tanto para as empresas quanto para os indivíduos, enquanto os seus (elevadíssimos) custos são pagos somente em um futuro mais ou menos remoto.

De forma mais genérica, é útil perguntar a si mesmo se a incapacidade de adiar a recompensa é somente um problema subjetivo, ou melhor, se não põe limites concretos na nossa capacidade de operar de modo eficaz no mundo em que vivemos. No primeiro caso, estaríamos falando de algo que "não nos desce", talvez porque nos dê a impressão de não termos o pleno controle das nossas ações, o que de modo geral não causa grandes danos. No segundo caso, ao contrário, o problema é bem mais sério: as falhas nas escolhas intertemporais não levam somente a um desconforto subjetivo, mas também a uma objetiva perda de eficiência no nosso comportamento, individual e coletivo. Em outras palavras: saber esperar somente parece algo importante ou realmente é?

Uma olhada rápida no mundo animal sugere que a espera tenha benefícios objetivos. Se um esquilo comesse imediatamente as nozes que colhe ao invés de juntá-las para o inverno, morreria de fome depois – o que nos faz lembrar a conhecida fábula da cigarra e a formiga. Se um predador, imóvel à espreita, não esperasse pacientemente o surgimento de uma presa, dificilmente conseguiria capturá-la. E a presa, que confia no mimetismo para defender-se, deve esperar que o predador se afaste, caso queira salvar-se. Considerações parecidas se aplicam bem aos nossos exemplos de falhas: Aldo certamente não conseguirá sobreviver prolongadamente, muito menos constituir uma família, se não aprender a controlar os seus gastos; os problemas de Beatriz com o peso poderão gerar sérias complicações de saúde, se não forem rapidamente resolvidos; Catarina nunca se tornará psicóloga, se não enfrentar seriamente os exames finais; e a forma física de Dario certamente piorará, se ele não tomar jeito e se levantar do sofá. Mas essas são ainda considerações específicas, ligadas a casos particulares. Agora falaremos das razões gerais pelas quais saber esperar se torna objetivamente tão útil.

Manter o rumo em um mundo mutável: esperar e perseverar

As coisas mudam e, com frequência, de formas imprevisíveis. Aplicando essa certeza às nossas escolhas, isso indica que ao esforçarmos por um objetivo futuro, raramente estamos aptos a prever quais outros estímulos se apresentarão para nós nesse intervalo e quais deles arriscam nos distrair do nosso propósito, desviando-nos do caminho. *Perseverar* nos próprios propósitos significa realmente aguentar firme diante de possibilidades alternativas, sejam previstas ou imprevistas, garantindo assim a coerência da conduta. Intuitivamente, isso parece algo correto a se fazer. E ainda assim não devemos nos contentar com essa intuição, já que, afinal, nem sempre estará certa.

De fato, perseverar é algo bom e correto somente se aquilo ao que se renuncia não é objetivamente melhor que aquilo que se obtém. Uma pessoa que, fanaticamente, dedica toda a vida em perseguir um único objetivo (por exemplo, o sucesso profissional), negligenciando qualquer outra satisfação, não nos parece necessariamente virtuosa; ao contrário, em muitos casos poderíamos dizer que é chata, monotemática, escrava de suas ambições e surda diante da complexidade da existência. Esse tipo de pessoa não parece ter mais autocontrole do que quem se deixa levar por todas as tentações; ao contrário, sofre de uma falta diferente de autocontrole. Tomando emprestados rótulos característicos da Psicologia Clínica, diríamos que são sujeitos *compulsivos* e não *impulsivos* (uma distinção sobre a qual trataremos em detalhes mais adiante). O ponto que agora nos interessa é que o valor da perseverança não é absoluto, mas relacionado às circunstâncias.

Isso é verdadeiro também em uma perspectiva mais ampla, de tipo evolutivo. Em âmbito de espécie, persistir nas próprias escolhas torna-se adaptativo somente se o contexto ecológico favorece sujeitos que se demonstram capazes de esperar ao invés de preferirem recompensas imediatas. Uma série de estudos sobre duas espécies de macacos, o sagui-cabeça-de-algodão (*Saguinus oedipus*, originário do Noroeste da Colômbia) e o sagui-de-tufos-brancos (*Callithrix jacchus*, originário do Nordeste do Brasil), ilustrou este ponto de forma muito eficaz. Trata-se de duas espécies de pequenos macacos do Novo Mundo, semelhantes morfologicamente entre si e próximos filogeneticamente: vale dizer que se assemelham fisicamente e se separaram como espécie em tempos (relativamente) recentes. Um grupo de estudiosos da Universidade de Harvard testou animais de ambas as espécies em duas tarefas: uma de escolha intertemporal, outra de escolha espacial. No primeiro caso, o animal devia escolher entre dois pedaços de comida imediatamente disponíveis ou seis pedaços de comida disponíveis após certa demora. No segundo caso, as recompensas em jogo eram as mesmas, mas a variável manipulada era o espaço e não o tempo: o animal escolhia, então, entre dois pedaços de comida alcançáveis sem se deslocar e 6 pedaços de comida deixados a certa distância. Os resultados revelaram uma clara dissociação: enquanto os saguis brasileiros esperam o dobro em relação aos saguis colombianos, estes últimos, por sua vez, estão dispostos a deslocarem-se o dobro em relação aos primeiros – ainda que a necessidade de deslocar-se, obviamente, represente uma demora na obtenção da recompensa maior.

Esse curioso resultado se explica em termos de *racionalidade ecológica*: ou seja, o fato de que os animais em laboratório mostram comportamentos evolutivos para garantir resultados eficazes na própria ecologia, que não necessariamente coincide com a situação proposta a eles pelos pesquisadores. O que parece estranho no laboratório, muitas vezes é inteiramente sensato se aplicado ao contexto natural. Neste caso, a explicação apoia-se na ecologia alimentar dessas duas espécies: enquanto os saguis brasileiros em sua maioria se nutrem talhando a casca de certas árvores e depois esperando que a resina açucarada se derrame, os saguis colombianos são predominantemente insetívoros, e capturam as suas presas caçando-as entre os ramos e no solo. Isso demonstra comportamentos adaptativos opostos, coerentes com a dissociação observada em laboratório. Os saguis brasileiros devem aprender a tolerar a espera entre a incisão da casca e o derramamento da resina, ao mesmo tempo inibindo a propensão a mover-se para outros lugares, já que outros conspecíficos poderiam se beneficiar dos esforços feitos por quem abandona a própria posição. Em contrapartida, os saguis colombianos precisam ser propensos a deslocarem-se para seguir os insetos, estando, porém, prontos para capturar aqueles que passarem perto: conforme a célebre exortação de Horácio (*Carpe diem*), precisam saber aproveitar o momento, sem insistir em determinada presa em detrimento de outras. Enquanto a ecologia alimentar dos saguis brasileiros recompensa a perseverança e inibe o deslocamento, a dos saguis colombianos faz exatamente o oposto: disso deriva, segundo os pesquisadores de Harvard, os respectivos comportamentos observados em laboratório.

Se então a esperança não é sempre um bem, por que saber esperar deve ser tão importante? No fundo, acabamos de ver que os saguis colombianos se saem muito bem mesmo sem nenhuma capacidade de adiar a recompensa; na verdade, se dão bem justamente porque não são inclinados a esperar nas escolhas referentes à comida. Não poderia se aplicar o mesmo também para nós? Seria fácil responder que nós, diferentemente dos saguis colombianos, não somos insetívoros, mas de fato vivemos em um ambiente em que a espera frequentemente se torna adaptável. Isso é, em parte, verdade, e mais adiante aprofundaremos o discurso. Antes, porém, é bom utilizar essa aparente objeção para esclarecer melhor o que é necessário comprovar.

O ponto não é se perseverar é *sempre* a melhor escolha, mas, sobretudo, se nunca poderíamos conseguir sem saber esperar. A resposta a essa segunda questão é: "Não, de forma alguma!". Como dito anteriormente, a capacidade de adiar a recompensa é condição necessária para a perseverança: em um mundo mutável, um sujeito guiado somente pela satisfação imediata é presa de qualquer estímulo gratificante, e termina, inevitavelmente, por perder de vista os próprios objetivos de médio e longo prazo. Comporta-se como Pinóquio, nas suas repetidas tentativas de se tornar um bom menino, sempre interrompidas para seguir as cismas do momento: as travessuras de Pavio, as falsas promessas do Gato e da Raposa, os divertimentos na Ilha dos Prazeres e assim por diante. Bem, às vezes a perseverança pode ser excessiva e um pouco de tolerância em relação a si mesmo não faz mal a ninguém. Mas sem uma mínima capacidade de esperar, ignorando distrações e tentações, não se conseguiria nunca perseverar, nem mesmo nas muitas ocasiões em que fazê-lo é útil, ou mesmo vital. Isso é verdadeiro, sobretudo para objetivos e projetos de grande importância.

Planejar o tempo:
adiamento da recompensa e objetivos futuros

Na nossa vida, todas as metas significativas requerem um empenho prolongado e constante, cujos frutos nunca se realizam em um breve período, mas somente em um futuro mais ou menos distante. Essa é uma regra geral, sejam quais forem os objetivos específicos: obter um diploma, conquistar um emprego, destacar-se em uma modalidade esportiva, casar-se com a pessoa amada, ter uma casa, constituir uma família. Nenhuma dessas ambições pode ser realizada seguindo a satisfação imediata: pelo contrário, são necessárias dedicação, capacidade de planejamento e grande paciência.

Mas o que significa, nesse contexto, "ter paciência"? Não se trata simplesmente de suportar um breve adiamento sem distrair-se por tentações ou incômodos (ainda que isso possa contribuir), mas aceitar que os resultados de esforços e sacrifícios feitos agora se realizarão somente no futuro, e às vezes mesmo sem certeza – o estudante que enfrenta os exames não tem garantia alguma do quanto isso irá beneficiar o seu futuro profissional, sobretudo na atual conjuntura econômica. Saber esperar, portanto, não significa ficar de braços cruzados, mas *estar pronto a pagar custos imediatos tendo em vista ganhos adiados*, às vezes por anos. Por isso se fala de paciência em relação à espera: assim como Jó demonstra a sua proverbial paciência suportando as adversidades com que Deus testa a sua fé, da mesma forma quem espera com paciência suporta renúncias e desconfortos imediatos visando uma conquista futura.

Isso é difícil, sobretudo naqueles casos (e são muitos) em que o próprio objetivo não é alcançado pouco a pouco, mas de uma só vez, e somente após ter enfrentado uma longa série de provas. Nesse caso, fala-se de *objetivos discretos*, em oposição aos *objetivos contínuos*. Um exemplo de objetivo contínuo é a intenção de alimentar-se com comida, por prazer ou por fome. Nesse caso, o sujeito, enquanto come, começa desde então a satisfazer o seu propósito. Se é interrompido na metade da refeição, de qualquer forma terá se alimentado de certa quantidade de comida, mesmo que inferior àquela que desejava, beneficiando-se de certo prazer e reduzindo a própria fome. Mas se um estudante deixa o curso universitário após ter feito somente metade dos exames finais, não satisfez dessa forma o seu objetivo de diplomar-se, nem mesmo em parte: não é "semiformado", simplesmente porque formar-se é um objetivo discreto, que se realiza pelo tudo ou nada e não admite satisfações parciais.

Muitos dos objetivos pelos quais vale a pena viver, entre os quais os lembrados anteriormente, são objetivos discretos. Isso torna difícil persegui-los, justamente porque eles não preveem gratificações intermediárias: o próprio ato de comer é gratificante em relação ao objetivo de sermos saciados, enquanto o ato de estudar não o é em relação ao objetivo de formar-se – sabemos que devemos fazê-lo, mas isso não o torna imediatamente agradável. Evidentemente, a distinção não é sempre clara. Ainda que casar-se não seja uma meta que se possa realizar em parte (ou se é casado ou não), o percurso que conduz a esse resultado é rico de gratificações, muitas vezes significativas: o primeiro encontro, a descoberta de um amor correspondido, todos os bons momentos vividos juntos. Note-se, porém, que essas gratificações são frequentemente independentes do objetivo de casar-se: uma bela noite passada com a pessoa amada é gratificante por si só, e não o quanto nos aproxima do casamento (mesmo reconhecendo que, naquele momento, tal objetivo seja relevante para nós), exceto nos casos extremos e desviantes – por exemplo, pessoas tão obcecadas pela ideia de se casar a ponto de esquecer o prazer de estar com o próprio companheiro.

Uma vez que a presença de gratificações intermediárias ajuda a perseverar nos próprios propósitos, muitas vezes os objetivos discretos são mentalmente transformados em objetivos contínuos, atribuindo significados a momentos e passagens que, por si mesmos, não os teriam. Novamente o exemplo do estudante universitário se torna esclarecedor: de um ponto de vista racional, a aprovação em um exame é significativa somente se a pessoa, ao final, consegue se formar; do contrário, ter passado com a pontuação máxima também nos outros exames do próprio curso é irrelevante, se depois o estudante não se formar. Aliás, ninguém sonharia escrever no próprio currículo: "diploma não obtido, mas ótimas notas em todos os exames". Desse modo, a aprovação em um exame não deveria dar grande satisfação, não mais do que daria um único passo em meio a uma longa e difícil excursão na montanha: é só quando se chega ao topo (à formatura) que faz sentido comemorar. No entanto, as coisas não funcionam assim, e a vida do estudante universitário tem como sua natural "unidade de satisfação" cada exame, mesmo quando a formatura ainda está bem distante e é incerta. Uma boa nota, ou até o simples resultado da prova é motivo de grande alegria, pública e particular, com as referentes comemorações, a despeito da absoluta irrelevância desse resultado, caso não conseguir se formar.

Essa *forma mentis* serve para mudar a estrutura temporal da recompensa: para tornar menos pesados a espera pelo final e os esforços necessários, distribuem-se no tempo os benefícios psicológicos ligados ao sucesso, *antecipando-os* em relação à sua real obtenção. Evidentemente, fazendo-se desse modo é possível cometer estrondosos enganos: o estudante que ao final não se forma terá comemorado sem uma real razão, com uma percepção tardia. Mas se trata de um erro sem danos, já que nesse caso o fracasso do diploma será lamentado, mas não as comemorações pelos sucessos precedentes. Sobretudo, tais comemorações têm a função de motivar a perseverança no propósito maior de formar-se. Nesse caso, vender a pele do urso antes que ele esteja morto aumenta as possibilidades de abatê-lo realmente, tornando a caça menos frustrante. Como veremos no último capítulo, isso também faz parte de saber esperar, que não é somente estoica resistência às tentações, mas também consciência dos próprios limites e como se preparar para superá-los.

A estratégia de elaborar satisfações intermediárias para alcançar objetivos futuros é eficaz, mas de qualquer modo requer certa capacidade de adiar a recompensa: a aprovação em determinado exame não é uma conquista que se obtém da noite para o dia, e quem não consegue suportar hoje o sacrifício de estudar, amanhã será reprovado no exame. Geralmente, a capacidade de adiar a recompensa é necessária para o *planejamento*: na verdade, qualquer plano requer a execução de uma série de ações tendo em vista um resultado final, tipicamente adiado no tempo. Muitas vezes, cada ação pode ser gratificante, mas não é necessariamente assim, e com frequência ocorre exatamente o oposto: qualquer plano de higiene dental, por exemplo, requer a execução de várias ações que estão longe de serem agradáveis. Quem é incapaz de adiar a recompensa, não estaria apto a colocar em prática projetos que não garantam contínuos reforços positivos, e certamente falharia em qualquer curso de ação que preveja perda temporária de utilidade – isto é, sacrifícios ou sofrimentos. Mas é evidente que saber tolerar tais dificuldades em função de um interesse superior permite fazer escolhas melhores e, a longo prazo, muito mais satisfatórias: quem ignora uma cárie por temer os desconfortos necessários acabará experimentando consequências bem piores.

Portanto, saber esperar é fundamental para alcançar objetivos importantes e conseguir planejar de modo eficaz as próprias ações no tempo. Este valor da espera é confirmado também por evidências experimentais obtidas em numerosos estudos de Psicologia do Desenvolvimento. É para eles que, agora, é importante dedicar uma atenção particular.

A lição do "marshmallow": crianças pacientes se tornam adultos felizes

Um adulto e uma criança estão sentados em uma mesa, um de frente ao outro. Durante algum tempo os dois brincam juntos. De repente, o adulto se levanta, tira um doce do bolso e o coloca sobre a mesa, em frente ao menino. O adulto diz: "Vou sair um pouquinho, mas voltarei logo. Se quando eu voltar você ainda não tiver comido o doce, eu vou dar dois ao invés de um". Então o adulto sai e o menino fica sozinho com o doce. O que ele fará?

Não se trata de uma *pegadinha*, mas de um importante experimento de Psicologia Social e do Desenvolvimento. O seu idealizador foi Walther Mischel, o qual, junto a outros colegas da Universidade de Stanford começou, nos anos 1960, a testar crianças de várias idades (geralmente entre 4 e 6 anos) com esse tipo de experimento. Visto que muitas vezes os pesquisadores usavam marshmallows como recompensa, o procedimento passou para a história como "teste do marshmallow". O objetivo era estudar como se desenvolve, durante o crescimento, a capacidade de resistir à tentação imediata para obter um prêmio melhor, mas adiado. Além de notar um maior autocontrole nas crianças maiores, Mischel identificou também as principais estratégias que eles adotavam para evitar ceder à tentação: olhar ao redor, cantarolar baixinho, fingir não ver o prêmio deixado à mostra e, em geral, procurar distrair-se e pensar em outra coisa. Foi assim demonstrado o papel essencial da atenção no favorecimento da capacidade de esperar – um ponto sobre o qual voltaremos no último capítulo.

Mas a verdadeira surpresa chegaria somente muito depois, nos anos 1980, quando os pesquisadores de Stanford decidiram recontatar as famílias de algumas das crianças originalmente submetidas ao teste do marshmallow (mais de 600 indivíduos), para verificar se a capacidade de adiar a recompensa na infância teria impactos na adolescência. Os resultados revelaram uma clara correlação com numerosos indicadores de sucesso pessoal e inserção social: as crianças que anos antes demonstravam ser capazes de esperar, revelavam-se, segundo os seus pais, menos agressivas, mais sociáveis e mais satisfeitas em relação àquelas que falharam no teste do marshmallow; além disso, os primeiros tinham avaliações escolares consideravelmente melhores que os segundos. Surpreendentemente, a performance no teste do marshmallow se correlacionava ao sucesso na adolescência muito melhor do que fariam os indicadores socioeconômicos e demográficos, tais como a renda familiar e o estrato social. Resultados semelhantes foram então replicados com outra amostragem de pessoas e, nesse caso, os pesquisadores verificaram também que uma propensão ao adiamento da recompensa na infância se relacionava com um maior autocontrole na adolescência, avaliado com um clássico teste de inibição motora. Tal associação, depois, foi repetidamente confirmada em outros estudos com os mesmos indivíduos nas décadas seguintes, dos quais os últimos foram conduzidos em 2011, com "crianças" já acima dos quarenta anos!

Esses resultados sugerem que uma tolerância precoce à espera, avaliada por um teste completamente banal, prediz de modo eficaz o desenvolvimento de importantes capacidades na idade adolescente e adulta, as quais vão bem além do adiamento da recompensa: o sucesso escolar e uma feliz integração social, de fato, requerem uma ampla gama de competências, que incluem mas não se limitam a saber esperar. No entanto, a capacidade de esperar quando crianças parece ser a semente da qual esses outros talentos depois germinarão. Ao mesmo tempo, o teste do marshmallow convida também a sérias reflexões pedagógicas: se não se aprende a adiar a recompensa na infância, de fato não parece nada fácil aprender sucessivamente a importante arte do autocontrole.

A lição que se obtém disso é bastante clara e deveria estar no coração dos pais: para garantir o bem-estar futuro de seus filhos é essencial colocá-los diante de situações em que é preciso adiar a recompensa; do contrário, a sistemática satisfação imediata dos seus desejos é uma receita certeira para criar adultos impulsivos, insatisfeitos, agressivos, inconsequentes. Um resultado que o filósofo John Locke já receava ao final do século XVII, quando, em sua obra *Pensamentos sobre a educação*, assim advertia contra a excessiva aquisição de brinquedos:

> A cortesia que se faz às pessoas de posses, através desse tipo de presentes a seus filhos, faz muito mal aos pequenos, pois assim se lhes ensina o orgulho, a soberba e a cobiça quase antes de aprenderem a falar. Conheci um menino tão agoniado com o número e a variedade de seus brinquedos que todo dia extenuava sua aia, fazendo-a conferir todos eles. E estava tão acostumado à abundância que nunca julgava que tivesse o suficiente; pelo contrário, estava sempre a indagar: "O que mais? O que mais? Que coisa nova preciso ter?". Que bom começo para moderar os desejos e que caminho adequado para tornar alguém feliz e satisfeito com o que tem!

A espera é a alma do negócio: esperar para trocar

Ernesto, navegando ociosamente na internet, descobre que em seis meses haverá na cidade um grande show do cantor preferido de Francisca, a sua namorada. E o que é melhor, o show acontecerá poucos dias após o aniversário dela. Imediatamente, Ernesto vai ao site do show e compra os ingressos para poder garantir os melhores lugares. A operação lhe custa cerca de 800 reais, e o único efeito imediato que obtém (fora a sangria da própria conta corrente) é um recibo eletrônico da compra. Os ingressos chegarão somente em algumas semanas e, em todo caso, Ernesto deverá guardá-los bem escondidos para poder fazer uma surpresa para Francisca no dia de seu aniversário. E somente dias depois é que irão ao show. Enfim, Ernesto acabou de pagar um custo imediato de 800 reais por benefícios (a alegria de Francisca ao abrir o presente, a satisfação de assistirem juntos ao show) que se realizarão em alguns meses.

Evidentemente, proezas parecidas requerem a capacidade de adiar a recompensa. Mas também é evidente que todos somos capazes de fazer escolhas análogas, mesmo que em escala bem maior: pense no pagamento antecipado de várias centenas de milhares de reais para a prioridade na aquisição de uma casa, cuja posse se obterá somente após longos meses, e para a qual poderá mudar-se somente em um ano ou mais. O mesmo vale, ao contrário, para quem vende em vez de comprar: há muitos casos em que as pessoas são pagas com meses ou até mesmo anos de atraso por uma concessão imediata de bens ou serviços.

Todos esses exemplos se referem a um fenômeno mais geral: a natureza necessariamente *atrasada* das trocas sociais e econômicas, que muito raramente têm caráter imediato. E mesmo quando nos parece que a transação seja imediata, na verdade esta sensação é fruto de uma útil ilusão cognitiva: a de considerar o dinheiro como um valor em si. Quando vamos a um bar e pedimos um café, o comerciante naturalmente é pago de imediato pelo bem que nos vende. Mas um pagamento imediato corresponde a uma satisfação imediata? Psicologicamente, muitas vezes sim, porque somos muito habituados a considerar a moeda como um bem primário, algo que nos satisfaça enquanto tal. Mas, logicamente, isso é um erro: a moeda tem valor somente enquanto bem de troca, ou seja, na medida em que nos permite obter outros bens – como é evidente, o dinheiro não se come, não se veste para proteger-se do frio, e manejá-lo não provoca prazer físico ou moral, a não ser ao Tio Patinhas e seus discípulos. Portanto, a troca com o comerciante, e em geral toda troca que não seja uma permuta simultânea: obter imediatamente aquilo que se deseja (o café), enquanto o comerciante aceita em troca a possibilidade de obter no futuro um bem desejável por ele (o que poderá comprar para si com o custo do café, quando decidir fazê-lo). Para que se possa usar o dinheiro em uma troca, quem recebe o pagamento deve aceitar privar-se de um bem no momento pelo direito de obter outro bem no futuro. Se o vendedor não fosse capaz de tolerar esse adiamento na recompensa, a troca através de dinheiro seria impossível. E é provável que o uso da moeda tenha substituído tão radicalmente a permuta justamente para superar os limites temporais a que o segundo estava sujeito: necessidade de dispor rapidamente de todos os bens trocados, problemas relacionados à perecibilidade deles, impossibilidade de comprar ou vender em vista das necessidades futuras das partes.

Essas considerações revelam outro aspecto da importância de saber esperar, desta vez, de caráter social: tal capacidade, de fato, constitui um dos pré-requisitos cognitivos para o desenvolvimento de uma economia de mercado. Além disso, pesquisas sobre outras espécies animais sugerem um papel ainda mais fundamental, sendo um ingrediente necessário para toda forma de *reciprocidade*. Por reciprocidade entende-se a execução de comportamentos altruísticos em relação a sujeitos que antes demonstraram semelhante boa vontade, ou diretamente em relação ao próprio indivíduo (reciprocidade direta), ou em relação a outros membros da mesma espécie e/ou do mesmo grupo social (reciprocidade indireta); do mesmo modo, a reciprocidade se manifesta também com punições em relação a quem no passado se demonstrou danoso ou agressivo. A reciprocidade, portanto, constitui um pressuposto para a cooperação, já que permite encorajar comportamentos socialmente vantajosos (premia os bons) e, ao mesmo tempo, desencoraja tentativas de aproveitamento unilateral dos benefícios da cooperação (pune os maus). No entanto, independentemente das evidentes vantagens adaptativas, a reciprocidade é observada muito raramente na natureza, além da nossa espécie e de alguns primatas. Como isso é possível?

O fato é que a reciprocidade parece simples, mas realmente não é. Mesmo a forma mais primitiva de reciprocidade, a direta, requer várias habilidades cognitivas: lembrar-se de quem fez o quê (memória), saber quantificar de modo racionalmente preciso os benefícios e os danos associados à determinada ação (cognição numérica) e disposição para realizar um ato benevolente, tendo em vista um retorno futuro e incerto – senão ninguém nunca daria o primeiro passo e o círculo virtuoso da reciprocidade não poderia se desencadear. Esse último aspecto liga-se ao adiamento da recompensa: somente animais aptos a lidar com o custo de uma ação sem benefícios imediatos (um macaco que procura piolhos em outro), a fim de uma recompensa futura (chegar a própria vez de ter os seus pelos examinados por outro macaco), podem criar uma sociedade em que exista reciprocidade e sobre essa fundamentar formas de cooperação mais evoluídas, até os mercados financeiros de *Homo sapiens*. Saber esperar, portanto, é condição necessária não só para os nossos sucessos particulares, mas também da economia de troca.

2

POR QUE NÃO CONSEGUIMOS ESPERAR?

Como vimos no capítulo anterior, saber esperar é realmente importante, tanto para os indivíduos quanto para a sociedade da qual fazem parte. Sem uma adequada propensão ao adiamento da recompensa, seríamos incapazes de perseverar nos nossos propósitos e não conseguiríamos alcançar nenhum objetivo importante ou meta significativa. Educar as crianças para a espera se revelou crucial para produzir adultos satisfeitos, autônomos, donos de si mesmos e capazes de integrar-se ao tecido social. E a própria existência da sociedade, das trocas econômicas à cooperação, requer saber renunciar a satisfações imediatas com vistas a retornos futuros.

Mas se saber esperar é tão vantajoso, por que não conseguimos fazê-lo com tanta frequência? Não por acaso, na nossa apresentação partimos de histórias de fracassos: Aldo, incapaz de poupar um pouco de dinheiro para o futuro; Beatriz, desprovida de controle em sua alimentação; Catarina, que não se decide por estudar para o exame final; Dario, cujas repetidas tentativas de fazer atividade física resultam em frustrantes fiascos. Em todos esses casos, a importância do objetivo final não basta para fazê-los perseverar. Nem se trata de ocorrências isoladas: todos nós temos experiências parecidas, em que boas intenções e nobres objetivos não conseguem se transformar em ações decorrentes, e assim o sucesso dos nossos esforços é bem diferente (e pior) que o esperado. Quando isso acontece, observamos a nós mesmos com uma estranha sensação de irrealidade: passo a passo, as escolhas que nos levaram a falhar são as nossas, inegavelmente; no entanto, nos sentimos como que enganados, traídos por nós mesmos, e temos dificuldade de entender como pudemos cair tão fundo. Alguns reagem com resignação: aceitam ser incapazes de fazer melhor e deixam o coração em paz – mas isso não melhora a capacidade de autocontrole, na verdade, normalmente, a piora ainda mais. Outros, no entanto, se esforçam para entender o que há de "errado" neles, quais foram os passos em falso dados, de modo a se redimir da próxima vez.

Neste capítulo, explicaremos como, em geral, é tão difícil conseguir esperar, mesmo quando a aposta em jogo é alta. Esse rápido panorama dos problemas da espera se traduzirá, como sempre acontece em Psicologia, em uma pequena amostra das misérias humanas: concentraremo-nos nos nossos defeitos, procurando compreender os mecanismos e a evolução deles. Isso arrisca desencorajar até o ânimo mais otimista. Porém, convido o leitor a aguentar firme, consciente de que a compreensão dos próprios limites é um passo essencial para superá-los, ou ao menos conviver melhor com eles. Somente no último capítulo, após ter explorado as fragilidades da nossa paciência, estaremos aptos a entender realmente quais estratégias ajudam a reforçá-la, e por quê.

As dietas começam sempre amanhã

"Amanhã começo a dieta!" Quantas vezes ouvimos isso, ou nós mesmos a declaramos orgulhosamente? Essa frase, de aparência inofensiva e mesmo virtuosa, na verdade já revela o erro que conduzirá ao insucesso. De fato, perguntemo-nos: por que não se começa a dieta *hoje*? Por que a moderação que se anuncia como regra universal a partir da próxima refeição não se aplica já à atual? A resposta é óbvia e também instrutiva: declarando a intenção futura de fazer uma dieta, obtemos uma vantagem imediata (aliviar a consciência, melhorar a própria imagem social, prevenir críticas ou censuras), cujo custo é adiado para o futuro, ou seja, para o momento em que iniciaremos a dieta, desistindo de comer como bem entender. Quando, porém, o amanhã se torna hoje, o padrão dos estímulos se apresenta novamente inalterado e nos encontramos diante de uma escolha insidiosa: renunciar agora aos prazeres da gula, tendo em vista benefícios futuros em termos de saúde ou adiar novamente o início da dieta e os custos que ela exige, desfrutando novamente da satisfação imediata proporcionada pela mera intenção de "comportar-se bem". Custos imediatos para benefícios adiados, ou benefícios imediatos com custos adiados? A segunda opção é muito mais atraente, e assim as dietas começam sempre amanhã – isto é, nunca.

E não somente: outro pernicioso autoengano está à espreita, atrás do bom propósito (que é só aparentemente bom) de começar a partir de amanhã uma dieta, um trabalho entediante, uma atividade física regular ou qualquer outra prática louvável, porém árdua. O "futuro virtuoso", justamente por causa de sua determinação de mudar de vida a partir do dia seguinte, se sente *autorizado* a aproveitar hoje como nunca, com um espírito de "despedida de solteiro". No fundo, pensa: "é a última vez que posso fazer o que quiser, portanto não há nada de mal em me soltar um pouco, na verdade, é quase um direito!". Acontece então, com trágica ironia, que as declarações sobre a futura dieta justifiquem beliscadas pantagruélicas de imediato. No dia seguinte, não só não se inicia a dieta, mas acaba-se por ter excedido na comida ainda mais que o habitual. Enfim, quem realmente quer fazer uma dieta a fará melhor começando imediatamente: cada atraso, na verdade, é já o primeiro passo em direção a um espetacular fracasso, que sonoras declarações sobre o amanhã podem somente piorar.

Além disso, os bons propósitos são extremamente frágeis, mesmo quando não se adia o cumprimento. Que o caminho para o inferno é cheio de boas intenções, sabe-se bem, mas geralmente interpreta-se esse ditado popular como uma advertência contra as consequências nefastas de ações realizadas por motivos nobres. No entanto, a pesquisa em psicologia da ação revelou outro sentido em que a máxima se torna apropriada: na passagem da intenção à ação, os propósitos continuam sendo bons, enquanto a conduta demonstra, nos fatos, aderência a outras prioridades: justamente o que acontece àqueles que anunciam, talvez com absoluta honestidade, a intenção de fazer uma dieta, e depois não conseguem levá-la até o fim – e trata-se, estatisticamente, da esmagadora maioria das pessoas com distúrbios alimentares.

Entre tantas motivações que nos tornam difícil a passagem do dizer ao fazer, com o proverbial mar que há no meio,[1] uma em particular se torna nefasta para as tentativas de perseverar nos próprios propósitos: as *exceções*. A exceção é um conceito perigosíssimo: representa na verdade uma ação de fato desviante em relação a certa norma de comportamento, a qual, porém, não é considerada uma transgressão da regra, mas somente uma suspensão temporária dela, *justificada* por circunstâncias parciais. É nesse sentido que a exceção "confirma" a regra: não põe em discussão o valor normativo, na verdade o considera e o reafirma. Do ponto de vista psicológico, isso torna a exceção uma atraente alternativa, seja para admitir o fracasso, seja para os custos da perseverança – em outras palavras, é um modo de proceder de ambas as maneiras, no imediato. Mas,

---

[1] "Tra il dire e il fare c'è di mezzo il mare": provérbio italiano que indica que há um "mar" de distância entre o dizer e o fazer. (N.T.)

obviamente, uma sequência de exceções não passa de um fracasso disfarçado: parafraseando o mote do qual partimos, o caminho em direção ao fracasso é cheio de boas intenções. Disso bem entendia William James nos seus *Princípios de psicologia*, quando, ao final dos anos 1800, assim descrevia o diálogo interior do bêbado em busca de justificativas:

> Quantas desculpas o bêbado encontra, toda vez que se depara com uma nova tentação! Trata-se de uma nova marca de bebida, que a pura curiosidade intelectual o obriga a provar; e então já está no copo e seria um pecado desperdiçá-la; ou há outros que estão bebendo e seria mal-educado recusar; ou ela só o ajuda a conseguir dormir, ou a enfrentar um trabalho duro; ou talvez não seja nem mesmo vontade de beber, somente necessidade de aquecer-se; ou é Natal; ou é preciso ter força de vontade para decidir se tornar abstinente, com mais determinação do que teve até agora; ou é só dessa vez, e uma vez não conta; ou ainda outro motivo, infinitos – qualquer coisa na verdade, menos ser um bêbado.

Cumprir o futuro

Mas o que nos torna tão vulneráveis às recompensas imediatas? Sobretudo, o que torna essa "preferência pelo presente" problemática? Afinal de contas, não há nada de irracional em querer obter um bem imediatamente e não depois: na verdade se trata evidentemente de uma preferência sensata. Um bem, enquanto não o possuímos, não pode ser usufruído: pelo contrário, a posse de um bem não nos obriga a usufruí-lo imediatamente, mas nos permite, sobretudo, utilizá-lo como e quando quisermos. Se o bem for investido, quanto antes melhor, já que desse modo se ganhará juros maiores. Pensemos, por exemplo, em uma soma de dinheiro: se vai ser utilizada para comprar algo ou se vai ser investida, com certeza é melhor tê-la à disposição antes e não depois. Por isso todos nós preferimos receber 100 reais hoje do que em uma semana, em um mês ou em um ano.

Na economia, essa preferência pela obtenção antecipada de um bem é captada pela noção de *desconto temporal*: o desconto temporal descreve o modo em que o valor atribuído subjetivamente a um bem diminui em função da demora em que esperamos adquiri-lo. A perspectiva de receber 100 reais em um ano vale menos que a possibilidade de obter 100 reais amanhã, e é por isso que, podendo escolher entre as duas, optaremos pela segunda. O mesmo processo de desvalorização se aplica às perdas, e de forma mais geral a todos os eventos futuros que produzem utilidade negativa (danos ao invés de ganhos): perder 100 reais em um ano vale menos, e, portanto, é menos desagradável que perder 100 reais amanhã. Essa, aliás, é a razão pela qual preferimos distribuir no tempo os pagamentos (quanto mais tarde pago a multa, melhor é), enquanto, ao contrário, somos propensos a antecipar os ganhos (quanto antes depositarem o pagamento, melhor é).

Como se diz, a existência de processos semelhantes de desconto temporal não é estranha, nem irracional. Os problemas nascem, sobretudo, pelo *modo* particular como nós, humanos, e também outras espécies animais, descontamos o valor no tempo. Comecemos pelas evidências empíricas, e depois veremos como os modelos matemáticos podem nos ajudar a entender a natureza do problema. Imaginem perguntar a um grupo de pessoas se preferem um prêmio de 99 reais disponível em 365 dias, ou um prêmio de 100 reais disponível em 366 dias. A maior parte escolherá a segunda opção: fazendo assim, mostram que para elas o ganho extra de um real vale o custo de um dia de espera a mais. Mas se pedimos às mesmas pessoas para escolher entre 99 reais hoje e 100 reais amanhã, descobriremos que muitas preferem o prêmio imediato, demonstrando assim que o ganho de um real não basta para esperar um dia a mais. Esse comportamento de escolha, observado em dezenas de experimentos nas mais variadas condições, é estranho, porque a diferença entre as recompensas, em termos de valor e tempo, é exatamente a mesma: um real a mais por um dia a mais de espera. No entanto, somos inclinados a esperar somente quando ambas as opções estão distantes no tempo, enquanto nos tornamos impacientes quando os dois resultados já são iminentes.

Esse fenômeno é conhecido como *inversão temporal das preferências*, ou inconsistência dinâmica, e constitui uma violação dos axiomas da racionalidade econômica. Um agente racional, realmente, na ausência de mudanças nas opções de escolha, deveria manter estáveis as próprias preferências: isto é, deveria ser sempre propenso a escolher do mesmo modo. O momento em que ocorre a escolha não deveria ter nenhuma influência, ao contrário do que afinal acontece. Entre outras coisas, a inversão temporal das preferências parece ser responsável por muitos dos fracassos discutidos até agora. Mais uma vez usamos as dietas como exemplo: quando, sentando-me à mesa, mais uma vez prometo a mim mesmo não me exceder e não comer a sobremesa ao final do almoço, estou manifestando honestamente a minha preferência por um objetivo importante, mas adiado (perder peso dentro de alguns meses) em relação a outro desejo, menos significativo, mas mais próximo no tempo (o prazer de comer a sobremesa). Naquele momento, na verdade eu prefiro a saúde à gula. Mas quando o almoço chega ao final e a sobremesa se torna uma possibilidade imediata, eis que se verifica a inversão temporal das preferências: naquele instante fatal, o valor da sobremesa aumenta subitamente e supera a importância que eu atribuo ao meu objetivo de longo prazo, e assim, mais uma vez caio em tentação. O fato de que ninguém tenha me obrigado a fazê-lo demonstra precisamente que algo mudou nas minhas preferências.

O psicólogo estadunidense George Ainslie se tornou famoso por ter explicado a inversão temporal das preferências com um modelo hiperbólico do desconto temporal – para ser breve, *desconto hiperbólico*. De acordo com esse modelo, a rapidez com que o valor de uma recompensa se desvaloriza em função do adiamento não é constante por unidade de tempo; pelo contrário, o valor de um bem adiado decresce muito rapidamente em intervalos próximos ao presente, enquanto a desvalorização é muito mais lenta em horizontes temporais distantes no futuro. Em outras palavras, a impaciência dos sujeitos para a obtenção de uma recompensa futura aumenta quando ela se torna próxima no tempo, quase como acontece com as crianças antes do Natal: a tentação de abrir os presentes é muito mais aguçada no dia 24 de dezembro do que nos dias anteriores. A evolução hiperbólica do desconto temporal faz com que o valor subjetivo de uma recompensa iminente cresça muito mais em relação ao de uma recompensa maior, mas ainda distante no tempo, e isso explica a inversão temporal das preferências.

A figura 1 ilustra a conexão entre desconto temporal e preferências, quando se escolhe entre uma recompensa menor, mas próxima (o ovo em poucos dias), e outra maior, mas adiada (a galinha em alguns meses). O gráfico apresenta no eixo das ordenadas (vertical) o valor das opções e no eixo das abscissas (horizontal) o passar do tempo, e as duas curvas mostram como cada opção é descontada hiperbolicamente: a curva contínua representa o valor descontado do ovo, a tracejada o valor descontado da galinha. O cruzamento dos eixos indica o instante presente t0: neste momento, o sujeito prefere esperar para obter o maior prêmio, ou seja, a galinha. Mas quando a possibilidade de comer o ovo se torna próxima, as suas preferências se inverterão, como se vê no gráfico a partir do cruzamento das curvas: a evolução hiperbólica do desconto temporal fará com que o ovo, de repente, pareça atraente de forma desproporcional em relação à galinha, cuja obtenção será ainda distante no tempo. A partir daí vem a tentação, para o sujeito, de ir menos ao encontro de seu propósito de esperar a melhor opção, e o risco de ceder à recompensa imediata, por mais que seja menos válida objetivamente.

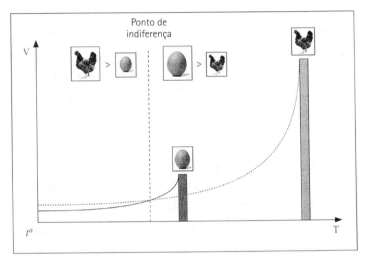

Figura 1: Desconto hiperbólico e inversão temporal das preferências.

Se então substituirmos o ovo e a galinha por outras opções, notamos que o desconto hiperbólico pode explicar muitas falhas na nossa capacidade de esperar: a aquisição imediata de um bem em relação à possibilidade de investir o dinheiro para o futuro, o prazer de uma distração momentânea contraposto ao desejo de passar no exame da próxima semana, a sobremesa ao final do almoço em vez do sucesso da dieta, o cigarro após o café ao invés de uma vida mais saudável. Em todos esses casos, o desconto hiperbólico explica a inversão de preferências observada entre o momento em que formulamos os nossos bons propósitos (economizar, estudar, perder peso, parar de fumar) e o instante em que, de repente, infringi-los nos parece urgente, mesmo que se reduza a um prazer considerado efêmero de forma geral. Justamente esse conflito interno de interesses, segundo a teoria de Ainslie, constitui o problema a ser resolvido, quando tentamos perseverar nos nossos planos.

Quando presente e futuro não estão de acordo: conflitos intrapessoais

O modo particular como desvalorizamos os resultados futuros em função do adiamento (desconto hiperbólico) produz em nós preferências contrastantes, dependendo do momento em que se faz a escolha: enquanto o Eu Presente sinceramente prefere a opção otimizada de longo prazo, o Eu Futuro dará muito mais peso à recompensa imediata, potencialmente subvertendo os bons propósitos do primeiro. Em muitas circunstâncias, o sujeito é consciente dessas "disputas internas", que na Psicologia e na Economia são conhecidos como *conflitos intrapessoais*. Salvo casos extremos de autoengano, estamos todos bastante familiarizados com nossos defeitos, e conseguimos avaliar, com razoável precisão, quais serão nossas (más) inclinações futuras. Por exemplo, se repensarmos os fracassos de Aldo, Beatriz, Catarina e Dario, é fácil imaginar como cada um deles tenha então "aprendido a se conhecer": Aldo é bem consciente de sua baixa propensão a economizar; Beatriz não nutre grandes ilusões com sua habilidade de respeitar as dietas; Catarina não reconhece ter um problema em seus esforços para passar no exame final e Dario não pode mais esconder de si mesmo que é preguiçoso, mesmo com suas declarações sobre a importância da atividade física.

Nessas condições, é natural interpretar a dinâmica interna do indivíduo como semelhante ao que aconteceria em um confronto entre pessoas diferentes, cada uma com seus interesses e suas prioridades. Exatamente como um indivíduo raciocina estrategicamente sobre as jogadas que os outros poderiam fazer em uma situação social, assim o Eu Presente raciocina estrategicamente em relação às possíveis ações do Eu Futuro – em outras palavras, ao decidir agora o que fazer, levamos em conta o que esperamos fazer no futuro em relação à escolha realizada agora. Por exemplo, uma pessoa completamente desiludida sobre a sua capacidade de fazer uma dieta poderia racionalmente abandonar a tentativa, conformando-se desde o início e evitando inclusive expressar o bom propósito de emagrecer. Ou, ao contrário, a pessoa pode tentar influenciar as escolhas que fará em seguida, ou impedindo totalmente o infeliz Eu Futuro de agir mal (como Ulisses, na *Odisseia* de Homero, que se amarra ao mastro do navio para evitar lançar-se ao mar, quando o canto das sereias o induzirá a fazê-lo), ou procurando modificar as próprias preferências futuras de forma oportuna.

Dessas tentativas de autoinfluência nos ocuparemos no último capítulo: aqui nos interessa entender como a ideia do conflito intrapessoal permite descrever o que acontece a quem tenta perseverar e em vez disso fracassa, a despeito dos melhores propósitos. A imagem é popular também na cultura popular, onde semelhantes debates internos são representados por uma dupla de personagens, tipicamente um anjinho e um diabinho, que disputam entre si a atenção da pessoa, para guiá-la em uma direção em vez de outra. Os conflitos intrapessoais são frequentemente discutidos em Psicanálise, por exemplo, na clássica tripartição freudiana entre Id, Ego e Superego. Nos casos que aqui nos interessam, os conflitos nascem da inversão de preferências produzidas pelo desconto hiperbólico, e, portanto, confrontam o decisor em momentos diversos do tempo.

Um caso exemplar, e trágico, é o do fumante que pretende parar de fumar. "Parar de fumar", naturalmente, não é um resultado que se realize com um único ato de abstinência: na verdade, a renúncia a um único cigarro aqui e agora é irrelevante, o que conta é que no futuro se renuncie a todos os possíveis cigarros. De fato, se hoje fumo um cigarro, mas a partir de amanhã não fumo mais nenhum, terei parado de fumar com sucesso, nem mais nem menos do que se tivesse desistido imediatamente de fumar. Pensando assim, é evidente que o correto a se fazer agora é fumar um cigarro (o último, psicologicamente!), na completa certeza de que a partir de amanhã não se fumará mais. Isso, porém, parecerá, com toda razão, um grosseiro autoengano: sem dúvida, até o sujeito mais míope se dá conta de que, amanhã, repetirá exatamente o mesmo raciocínio! Já que todos nós temos um mínimo de autoconsciência dos nossos defeitos, não seremos tão tolos de cair nessa armadilha...

Mas a armadilha é bem mais insidiosa do que parece, infelizmente. Imaginemos, por acaso, que o nosso aspirante a ex-fumante seja consciente das suas preferências futuras, e intua que amanhã, de novo, terá ótimas razões para fumar "o último cigarro" ao invés de abster-se de fazê-lo. Mas, se as coisas estão assim, por que não deveria fumar agora? Afinal de contas, é inútil impor-se agora o sacrifício de renunciar ao aguardado cigarro, se já sabemos que amanhã nos tornaremos vítimas da tentação de fumar: mais vale acalmar os ânimos e fumar já!

Eis o paradoxo em que o pobre fumante se encontra preso. Se pensa que amanhã será capaz de não fumar, então não tem motivo para parar de fumar agora, já que tem uma grande vontade de fumar e, afinal, trata-se do último cigarro – no entanto, o mesmo raciocínio se repete novamente no dia seguinte e assim vai até o infinito, como nas dietas que sempre começam amanhã. Se, porém, o fumante está convicto de não conseguir resistir no futuro à tentação de fumar, tanto mais não tem motivo para renunciar hoje ao seu vício, dado que, de qualquer forma, o sacrifício seria em vão. Qualquer que seja sua crença sobre o que fará no futuro, portanto, não há razão alguma para parar de fumar no presente. O seu conflito intrapessoal se transformou, assim, em um dilema: ou seja, uma situação em que uma série de escolhas aparentemente racionais, isto é, voltadas a maximizar o que se obtém, se traduz no pior dos resultados possíveis – nesse caso, a incapacidade de parar de fumar, *apesar de querer fazê-lo*.

As bases biológicas da impulsividade

O que foi dito até agora poderia, legitimamente, suscitar um grito de protesto no leitor, não tanto contra quem escreve (espero!), mas no que diz respeito à história natural da nossa espécie, que nos levou a descontar o valor futuro de modo hiperbólico, com todos os problemas que derivam disso. Na verdade, visto que o desconto hiperbólico é algo que temos em comum com muitas outras espécies, é natural perguntar-se qual misterioso acidente evolutivo permitiu o surgimento de um mecanismo psicológico tão perigoso. Como vimos, o desconto hiperbólico facilmente produz preferências contraditórias em diferentes momentos do tempo, minando a coerência do comportamento: uma escolha feita hoje pode revelar-se insatisfatória amanhã e ser, portanto, anulada. É possível que uma tendência comportamental semelhante se torne adaptativa e em tantas espécies diferentes? Se fosse só no *Homo sapiens*, ou em um pequeno grupo de primatas, seria possível pensar em um fato puramente casual. Mas desconto hiperbólico e inversão temporal das preferências foram observados em muitos outros mamíferos e em diversas espécies de pássaros, o que sugere que se trata de comportamentos dotados de algum valor adaptativo. Mas qual?

Para responder a essa pergunta, é melhor dividi-la em duas. Em primeiro lugar, para que serve descontar o valor em função do tempo? Em segundo lugar, por que deveria ser útil fazê-lo de modo hiperbólico, com a consequente inversão temporal das preferências? No que diz respeito à primeira questão, dois fatores independentes contribuem para tornar adaptável uma preferência pelas recompensas imediatas: os *riscos* ligados à espera, e a necessidade de estabelecer *relações de causa-efeito* adequadas entre os eventos observados.

"Quem quiser ser feliz, que seja; do amanhã não há certeza!": assim recita o *Triunfo de Baco e Ariana* (1490), em que Lorenzo, o Magnífico, destaca poeticamente o caráter incerto do futuro e os efeitos que isso deveria ter sobre a nossa conduta. Quanto mais se adia no tempo a obtenção de um bem, mais incerto ele se torna: outros poderiam apoderar-se dele, ou poderia se deteriorar e perder o valor, ou nós mesmos poderíamos ser vítimas de algum perigo durante a espera – um predador ou uma desgraça qualquer. Todos esses fatores de risco aumentam proporcionalmente ao adiamento que precede a aquisição do bem: portanto, é melhor garantir-se um bem imediatamente do que depois. Isso é verdadeiro não só do ponto de vista do bem-estar imediato do indivíduo, mas também em relação à sua *manutenção física*, isto é, a probabilidade que os seus genes se transmitam às gerações sucessivas. Simplificando, quem espera menos, corre menos riscos; quem corre menos riscos vive mais tempo, quem vive mais tempo tem mais chances de reproduzir-se e transmitir o próprio patrimônio genético. Desse modo, uma forte preferência pelo presente se revela não só preferível individualmente, mas também evolutivamente dominante: os indivíduos que não são providos disso acabam se extinguindo e, dessa forma, o traço acaba desaparecendo de uma população. O resultado é uma espécie evoluída, na verdade, muitas, com uma forte propensão a preferir recompensas imediatas em relação a recompensas adiadas, na igualdade de outras condições.

Além disso, desvalorizar a importância de eventos futuros em relação aos imediatos serve também para estabelecer nexos causais apropriados. Imaginem um animal que, após ter comido um fruto desconhecido, sofre violentas dores de estômago e fenômenos de regurgitação: se sobreviver à experiência, espera-se que aprenda no futuro a não nutrir-se daquele tipo de frutos, uma vez que são venenosos para ele. A correta ligação de causa-efeito, muito provavelmente, diz respeito à ação realizada (comer o fruto) e às consequências imediatas (sentir-se mal). Deveria ser extremamente problemático se o animal, lembrando-se de ter bocejado alguns minutos antes de comer o fruto misterioso, considerasse aquele bocejo como causa do seu consecutivo mal-estar. Naturalmente, a proximidade temporal não é sempre garantia de um nexo causal: um fruto venenoso poderia produzir efeitos nocivos mesmo muitas horas depois de ter sido ingerido, e nem todos os eventos que experimentamos em um dado momento são causas do que acontece logo depois – mesmo que esteja enraizada em nós a tendência a considerarmos como tal (por exemplo, considerar uma roupa usada em uma ocasião feliz como um amuleto da sorte). O ponto é que, de qualquer modo, a proximidade temporal constitui o melhor indicador de relevância causal disponível na natureza: oferece-nos uma orientação, mesmo que imperfeita, na busca por regularidade entre os eventos do mundo. Portanto, é natural que os animais se desenvolvam por prestar maior atenção aos eventos próximos no tempo do que aos distantes. Nessa ótica, o desconto temporal é adaptativo não só para ajustar o valor dos benefícios e custos futuros, mas também para ajudar a construir fortes associações entre causas e efeitos.

Erros de avaliação: quando um minuto parece durar um mês

Ainda que existam motivos válidos pelos quais a evolução favorece o desconto temporal, falta ainda entender como isso assume uma evolução hiperbólica, com os consequentes problemas pela coerência temporal das escolhas. Intuitivamente, não há nada de adaptativo ao decidir por certa rota e, depois, mudar de direção novamente, sem algum motivo válido. Bastaria, ao invés, que o valor de um evento futuro fosse considerado um fator constante por unidade de tempo, como prescrito pelos modelos clássicos da racionalidade econômica, para evitar a inversão temporal das preferências e prevenir qualquer conflito intrapessoal. A título de exemplo, a figura 2 descreve a mesma escolha entre ovo e galinha, quando a função de desconto tem uma evolução *exponencial*, e não mais hiperbólica. Como se vê na figura, as curvas de desconto não se cruzam, e isso garante a coerência da conduta: qualquer opção que seja privilegiada em dado momento do tempo (o ovo à esquerda, a galinha à direita), continuará a ser privilegiada em todos os instantes posteriores.

Por que a evolução teria favorecido espécies que descontam os eventos futuros de modo hiperbólico, ao invés de exponencial? Estudos recentes sugerem que a evolução hiperbólica dos processos de desconto não seja, diretamente, uma adaptação às pressões ambientais, mas que constitua um efeito secundário (dos resultados indesejados) de uma característica fundamental do nosso sistema perceptivo: a *conversão logarítmica das grandezas físicas percebidas*. Apesar do nome altissonante, trata-se de um princípio psicofísico básico e de fácil compreensão: quando uma quantidade de estímulo externo (por exemplo, luz, som, peso, duração) aumenta em certa medida, a percepção subjetiva que temos dele aumenta em progressão logarítmica ao invés de linear. O que significa que a intensidade com que percebemos um único aumento no estímulo é inversamente proporcional à quantidade total do estímulo. Por exemplo, se tiver sobre os ombros uma mochila que pesa dois quilos e for acrescentada uma carga de um quilo, o desvio percebido é extremamente notável; mas se é acrescentado um quilo em uma mochila que pesa 20 quilos, não se sentiria quase nenhuma diferença. Do mesmo modo, uma espera de 24 horas parece bastante longa, se for preciso esperar deste exato instante até o mesmo horário de amanhã; mas se levarmos em consideração duas demoras muito consistentes (por exemplo, esperar 1.125 dias ou 1.126), o mesmo desvio temporal nos parece totalmente insignificante e as duas demoras substancialmente indiferentes.

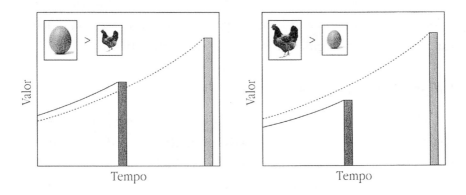

Fig. 2. Desconto exponencial e coerência temporal das preferências.

Na nossa espécie, assim como em outras, a percepção de quase todas as grandezas físicas é sujeita a fenômenos de compressão logarítmica, os quais servem para minimizar o desvio padrão na estimativa de tais grandezas, dados os limites da nossa biologia. Os detalhes matemáticos aqui não são relevantes: basta saber que a percepção da duração também é caracterizada por distorções parecidas, as quais explicam o andamento dos processos de desconto, seja hiperbólico, seja exponencial. Um grupo de pesquisadores da Universidade de Hokkaido, no Japão, efetivamente demonstrou como, assumindo que um sujeito tente aplicar um modelo de desconto exponencial à própria percepção logarítmica do tempo, obtém-se justamente uma função de desconto de caráter hiperbólico. Em termos mais simples, as pessoas procuram descontar os eventos futuros de forma racional, ou aplicando um fator de desconto constante por unidade de tempo, mas tal tentativa é frustrada por suas percepções distorcidas da duração. Uma vez que as próximas vinte e quatro horas nos pareçam mais longas em relação a um dia de atraso em um ano, somos menos propensos a esperar no primeiro caso do que no segundo. As esperas iminentes são superestimadas em relação a esperas análogas no futuro, basta produzir a inversão temporal das preferências discutida anteriormente. Se as coisas estão assim, as nossas frequentes falhas em saber esperar são o preço a ser pago pelo funcionamento particular do nosso sistema perceptivo.

Decisões instintivas

Outro legado da nossa história evolutiva é constituído pelos chamados *fatores viscerais*, os quais normalmente influenciam as nossas escolhas. Nessa ampla categoria são incluídos todos os indicadores fisiológicos das necessidades biológicas de base (fome, sede, desejo sexual), os estados de ânimo, as reações corporais às emoções (por exemplo, o tremor associado a um medo intenso) e a dor física.

Quando nos tornamos conscientes de qualquer uma dessas sensações, o controle das nossas ações é temporariamente desviado para responder àquela particular necessidade ou emergência. Um susto repentino interrompe qualquer outro processo cognitivo e captura toda a nossa atenção, até que a causa daquela sensação seja descoberta e a eventual situação de perigo resolvida. Do mesmo modo, uma sede extrema nos impede de nos concentrarmos em outra coisa, até que a saciemos, e a reação imediata a uma dor intensa é a de remover a sua causa, se possível: por exemplo, afastando rapidamente a mão do fogo e levando-a à boca, para aliviar a queimadura. Tal "ditadura" dos fatores viscerais não deve surpreender: trata-se, na verdade, de mecanismos básicos para a sobrevivência, cuja importância é literalmente inscrita na nossa biologia – como dizem, no coração (e na barriga) não se manda.

Segundo o psicólogo estadunidense George Loewenstein, porém, os fatores viscerais interferem também em escolhas nas quais seria melhor sermos guiados apenas, ou principalmente, por considerações racionais, e justamente por causa dessas "decisões instintivas" os melhores propósitos se transformam muitas vezes em ações catastróficas. Isso vale também para as frequentes falhas na perseverança em vista de um bem futuro, cedendo às variadas tentações que se apresentam no processo. Em particular, os fatores viscerais explicam a inversão temporal das preferências, segundo Loewenstein, a partir de três considerações:

- A proximidade (espacial, temporal, perceptiva) de um bem associado a um fator visceral estimula a ativação – vale dizer, comidas apetitosas estimulam o apetite, bebidas refrescantes despertam a sede, e assim por diante;
- Quando ativado, um fator visceral tem um efeito desproporcional no comportamento, e tende a marginalizar qualquer propósito que não permita a satisfação imediata;
- As pessoas tendem a subestimar, ou até ignorar, os fatores viscerais que esperam sentir no futuro, que sentiram no passado, ou cujo efeito observaram em outros indivíduos.

A combinação dessas características explica alguns dos fracassos que discutimos anteriormente. Enquanto o estímulo tentador (o bolo hipercalórico, o cigarro tão desejado, o artigo de luxo que não poderia me permitir) permanece distante no tempo e, assim, não percebido diretamente, a resposta visceral não se ativa: como diz o ditado, "longe dos olhos, longe do coração". Além disso, o sujeito subestima sistematicamente o impacto da resposta visceral sobre suas escolhas futuras: disso deriva a nossa mal depositada confiança no autocontrole que teremos amanhã. Mas quando, porém, a tentação se faz próxima (o bolo está sobre a mesa, o cigarro surge do bolso do amigo, o artigo de luxo revela-se à mostra na vitrine), é o próprio estímulo que ativa uma resposta visceral, independentemente do atual estado de necessidade: como todo guloso bem sabe, as comidas "proibidas" desencadeiam desejos irrefreáveis mesmo quando alguém já está saciado – e, na verdade, "apetitoso" significa "capaz de induzir ao apetite", não satisfazê-lo. Uma vez ativados, os fatores viscerais impõem sua ditadura, e todas as outras considerações são insignificantes: mesmo sabendo-se que não deveria fazê-lo, cede-se, no entanto, ao desejo imediato, geralmente justificando-se com a falaciosa esperança de poder fazer melhor da próxima vez – de novo, motivada pela baixa consideração dada aos fatores viscerais que experimentaremos no futuro em relação àqueles que estamos provando aqui e agora.

O que é o pior, a ativação de um determinado fator visceral influencia também escolhas que não têm nada a ver com aquela necessidade fisiológica específica: por exemplo, um estado de intensa fome pode nos tornar mais impacientes mesmo em decisões relativas às nossas economias ou ao nosso futuro emprego. Esse efeito difuso dos fatores viscerais foi verificado em numerosos estudos realizados no Canadá, Estados Unidos e Bélgica, sobre como as imagens eróticas influenciam as escolhas econômicas. Em todas essas pesquisas, para alguns sujeitos eram mostradas fotos de belas moças com pouca roupa (por exemplo, modelos de uma famosa marca de lingerie), antes da execução de uma tarefa de escolha intertemporal, enquanto outros sujeitos em um grupo de controle viam imagens de igual valor estético, mas livres de conteúdos com apelo sexual (por exemplo, fotos de carros de luxo). O resultado foi sempre o mesmo: os homens expostos a imagens de belas mulheres demonstravam uma propensão à espera significativamente reduzida em relação aos sujeitos de controle, embora as escolhas em questão envolvessem recompensas monetárias. O que infelizmente confirma o lugar comum segundo o qual os homens "perdem a cabeça" diante de uma bela mulher, e explica (sem, por isso, justificar) o lamentável uso que se faz do corpo feminino em propagandas e no marketing.

Outros estudos, no entanto, demonstram o quão pouco sabemos prever o papel dos fatores viscerais nas escolhas futuras, como sugerido por Loewenstein. Na metade dos anos 1980, em um hospital dos Estados Unidos, pediram a 18 mulheres grávidas que expressassem suas próprias inclinações em relação à possibilidade de reduzir a dor durante o parto através do uso de anestésicos. Enquanto a pergunta era feita um mês antes do parto ou durante as fases iniciais do trabalho de parto, a maior parte das entrevistadas se declarava contrária ao uso de anestésicos. Mas à medida em que o trabalho de parto avançava, as preferências se invertiam e muitas recorriam à anestesia, voluntariamente e sem aconselhamento dos médicos. Contudo, um mês após o parto as mesmas mulheres voltavam a ser contrárias ao uso de anestésicos durante o trabalho de parto apesar das experiências recentes. Obviamente, não se trata de recriminar as mulheres que recorreriam à anestesia; o que chama a atenção é a incapacidade de prever ou mesmo de lembrar o papel da dor na determinação de tal escolha. Esse exemplo ilustra bem a nossa tendência a subestimar o impacto dos fatores viscerais nas nossas escolhas, inclusive quando experiências passadas demonstram essa importância. Não por acaso, muitas mulheres que tiveram mais de um filho contam como a experiência das dores do parto se revela "nova" a cada vez e inesperadamente intensa, mesmo sendo já experimentada anteriormente e com extrema nitidez.

Imaginar o futuro e cuidar dele

Os estudos lembrados há pouco demonstram alguns dos nossos limites ao exprimir o que queremos amanhã e que peso tais desejos terão em nossas escolhas. Em geral, é evidente que saber esperar depende também do grau de precisão e clareza com que estamos aptos a imaginar nós mesmos no futuro: nossos objetivos, nossas emoções, as consequências das nossas ações, e assim por diante. Se fôssemos completamente cegos em relação ao amanhã, esperar não teria sentido, já que não estaríamos aptos a antecipar seus resultados: se um estudante não tivesse ideia de como se sentirá e do que poderá fazer quando formado, por que deveria se esforçar tanto para conseguir se formar? Nem seria fácil perseverar, mesmo querendo: se não soubéssemos prever os nossos estados de ânimo durante a espera, não saberíamos quais situações evitar e quais, ao contrário, buscar. Como veremos no último capítulo, a capacidade de superar os próprios limites e aprender a esperar depende de modo crucial de se saber em quais situações é melhor não se meter: por exemplo, quem quer fazer uma dieta seriamente, logo aprende a negar convites dos amigos para jantar, para evitar o surgimento de tentações difíceis de controlar.

Em Filosofia e Psicologia, a capacidade de deslocar-se com o pensamento para o futuro (imaginando e fazendo previsões) e para o passado (recordando e reconstruindo episódios) é conhecida como *viagem mental no tempo*. Trata-se de uma habilidade essencial para garantir a continuidade do comportamento, inclusive para permitir um planejamento articulado, e os seres humanos são dotados dela desde cedo – conforme estudos recentes, a partir de cerca de 4 anos, no que diz respeito à projeção de si mesmos no futuro. Quando adultos, todos nós temos a capacidade de reviver episódios da nossa história passada e de nos imaginarmos em várias situações futuras, mesmo com as distorções lembradas acima. Alguns estudiosos, aliás, levantaram a hipótese de que a viagem mental no tempo seja uma habilidade exclusivamente humana, e uma das razões do nosso sucesso evolutivo. Segundo essa tese, os outros animais, diferentemente de nós, estariam "presos ao presente", e isso explicaria suas aparentes impulsividades: não visualizando com clareza as próprias necessidades futuras, não poderiam deixar de agir com base em pulsões imediatas. Sobre a suposta impulsividade dos outros animais em relação ao ser humano, voltaremos no próximo capítulo. No que se refere, porém, à viagem mental no tempo, evidências recentes sugerem certa cautela ao atribuí-la exclusivamente ao *Homo sapiens*. Aqui bastará mencionar dois casos em que outras espécies também parecem aptas a viajar para o futuro com o pensamento, deixando ao leitor o prazer de tirar suas próprias conclusões.

No zoológico de Furuvik, na Suécia, vive um chipanzé de nome Santino, que foi notícia de primeira página (não só científica) por sua natureza rebelde: o passatempo preferido de Santino é atirar pedras nos visitantes desprevenidos do zoo! É possível talvez sentir empatia pelos hábitos agressivos do primata, dado que o destino o obrigou a viver em um cativeiro a pouca distância do Círculo Polar Ártico, ao invés de estar em liberdade na faixa equatorial. Mas o que aqui nos interessa não são as razões do comportamento de Santino, e sim as habilidades cognitivas que ele revela. Os pesquisadores da Universidade de Lund, observando secretamente o seu comportamento por diversas semanas, descobriram que o chimpanzé desenvolveu uma refinada "técnica militar": em vez de lançar contra os visitantes a primeira pedra que estivesse ao alcance, Santino dedica longas horas a procurar as pedras mais adequadas para funcionar como projéteis, em alguns casos construindo-as sozinho, arrancando pedaços das estruturas de cimento que decoram o seu espaço no zoo; depois reúne as suas munições em depósitos colocados estrategicamente próximos ao muro e, por fim, cobre tudo com capim e palha ou utiliza-se de abrigos naturais (troncos e rochas), de modo que as suas vítimas não suspeitem de nada até que seja tarde demais. Santino realiza, principalmente, todas essas ações somente quando o zoo está fechado e os visitantes não estão presentes, agindo, portanto, "de cabeça fria": geralmente passam-se várias horas entre o momento em que Santino acumula os seus projéteis e aquele em que se diverte ao lançá-los contra os visitantes. Repetidas inspeções revelaram dezenas e dezenas de depósitos escondidos, espalhados em pelo menos 50 pontos diferentes. Além disso, nota-se que ninguém ensinou a Santino a colocar em prática essa "guerrilha antituristas": é algo seu, uma ideia que concebeu e realizou sozinho, um comportamento complexo. Segundo os pesquisadores da Universidade de Lund, tudo isso é realmente difícil de explicar, se não se admite que Santino, durante o fechamento do zoo, antecipe o seu propósito futuro (apedrejar os visitantes), e por isso se organize – o que, naturalmente, constituiria um claro exemplo de viagem mental no tempo em um animal não humano.

Se a história de Santino é, no entanto, um caso isolado, por mais que bem documentado, existem ainda estudos experimentais controlados sobre outros sujeitos que sugerem a habilidade de apresentar necessidades futuras em espécies diferentes da nossa. Um grupo de pesquisadores da Universidade de Cambridge, na Inglaterra, orientados por Nicola Clayton, estuda há anos o comportamento dos pássaros, em particular de várias espécies de gaios – uma grande ave dos bosques, com cauda comprida, asas arredondadas e plumagem muito característica, encontrada numa vasta área que vai desde a Europa Ocidental até ao noroeste africano, passando por toda a Ásia continental e sudoeste asiático. Esses pássaros têm o hábito de acumular parte da comida conseguida durante o verão em depósitos escondidos, para poderem alimentar-se durante os meses de inverno: isso os torna particularmente adequados para estudos focados no planejamento do tempo, já que também no laboratório, os gaios nunca consomem toda a comida colocada a seu dispor, mas separam uma parte dela. A quantidade e o tipo de comida que é conservada para o futuro ajudam a estabelecer suas habilidades de viajar com o pensamento no tempo.

Em uma longa série de experimentos, os pesquisadores de Cambridge demonstraram que os gaios escolhem qual comida juntar não com base em suas motivações imediatas, mas prevendo aquilo de que teriam necessidade ao longo do tempo. O simples fato de acumular comida para o futuro é claramente um comportamento evoluído e não implica, necessariamente, em uma visualização das necessidades futuras: na verdade, muitos insetos sociais também o fazem, por exemplo, as formigas, e ninguém sonha em atribuir a elas a capacidade de salvaguardar o próprio futuro. Mas os gaios estudados pelos pesquisadores de Cambridge demonstram um comportamento bem mais flexível e sofisticado: em apenas algumas sessões experimentais, aprendem a prever de qual alimento terão vontade nos dias seguintes (com base em um regime alimentar imposto pelos mesmos pesquisadores que, em dias diferentes, saciam os animais com comidas diversas), e decidem o que guardar com base em tal motivação futura, e não no que desejam comer neste momento. Isto é, o animal que hoje já comeu o alimento A até se fartar, e agora, portanto, preferiria comer o alimento B, ainda assim escolhe o alimento A e o guarda, porque prevê que amanhã, após estar saciado pelo alimento B, terá vontade de comer A. Exatamente como faz uma criança à qual se pergunta, pela manhã, o que gostaria de comer à noite: mesmo que ela queira biscoitos com geleia para o café da manhã, ao responder dirá o que acredita desejar para o jantar – por exemplo, macarrão com carne. Os gaios de Cambridge fazem o mesmo.

Voltemos agora à nossa espécie. É preciso salientar que saber imaginar as próprias necessidades futuras não pressupõe, necessariamente, a capacidade, ou ainda o desejo, de cuidar delas. Uma coisa é ter bem claro o que quero fazer quando crescer; outra é decidir agir de imediato em vista de tal objetivo, ainda tão remoto. Enfim, mesmo a habilidade de viajar no tempo com o pensamento parece ser necessária, mas não suficiente para garantir a perseverança, como os muitos insucessos vistos até o momento nos demonstraram: uma vez que se consegue imaginar os próprios interesses futuros, é preciso então uma forte motivação para "cuidar" deles.

Alguém poderá argumentar que tomar conta do próprio futuro deveria ser uma motivação óbvia para qualquer sujeito minimamente racional. Na verdade não é assim, já que nem sempre consideramos aquele futuro realmente como "nosso", nem nos parece que quem irá vivê-lo (o *alter ego* futuro que imaginamos) seja de fato a mesma pessoa que nós somos agora. Por exemplo, quando um estudante pensa em seu futuro profissional no momento de escolher um curso superior e se imagina já formado, lidando com a busca de um emprego, realmente está considerando aquele personagem de ficção como a si mesmo – isto é, a mesma pessoa, o mesmo indivíduo que, aqui e agora, deve se inscrever em um curso superior ao invés de outro? Não pensará naquele distante personagem futuro mais ou menos como pensaria sobre outra pessoa, de cujo bem-estar talvez se interesse, mas sem colocá-la no mesmo plano do benefício próprio imediato? Afinal de contas, de acordo com os pais e professores, é comum que os jovens "não se preocupem com o próprio futuro": isso não significa que não sabem prever as consequências distantes das escolhas atuais, mas que não se preocupam ou, ainda, não se importam, justamente como se incidissem sobre outra pessoa. Por outro lado, em uma análise retrospectiva, quanto mais nos ocorre repensar em como éramos, mesmo que há poucos anos, não concluímos um tanto espantados que "não somos mais a mesma pessoa"?

Segundo o filósofo inglês Derek Parfit, a maior ou menor propensão de um indivíduo a se reconhecer como a mesma pessoa no decorrer do tempo revela o grau de *conectividade psicológica*, e faz com que a pessoa atribua mais ou menos peso às necessidades e desejos que espera ter no futuro. Afinal de contas, afirma Parfit, privilegiar a satisfação futura em detrimento da presente maximiza os meus benefícios somente se tratar, agora e sempre, da *minha* satisfação e se eu a reconhecer como tal aqui e agora, no presente. Se, pelo contrário, considero o *eu mesmo* futuro como um estranho, não tenho motivos estratégicos para sacrificar o meu bem-estar imediato – mesmo que, no entanto, pudesse ser eticamente obrigado a fazê-lo, tal como o altruísmo em relação a terceiros pode ser moralmente necessário, apesar de danoso individualmente. De acordo com Parfit, o peso que é racional dar ao próprio bem-estar futuro depende do quanto nos parece que seremos ainda nós a aproveitá-los, e não um indivíduo que, mesmo partilhando de nossa identidade legal, não tem qualquer relação com a pessoa que somos hoje. Embora essa visão da identidade pessoal esteja no cerne de um animado debate de Filosofia, o que aqui nos interessa é a previsão empírica que ela gera: se Parfit tem razão, o grau de conectividade psicológica de um indivíduo se correlaciona positivamente com a sua propensão a esperar por benefícios futuros.

Numerosos resultados experimentais confirmam essa hipótese. Em um estudo recente, um grupo de psicólogos de Chicago testou a propensão à espera em dezenas de pessoas, após ter medido o grau de conectividade psicológica delas. Para avaliá-lo, pedia-se aos indivíduos que imaginassem a si mesmos em vários momentos do futuro (de 1 a 40 anos depois) e indicassem o quão parecido consideravam o próprio *eu mesmo* futuro em relação à atual identidade deles, em termos de personalidade, temperamento, convicções, objetivos, ideais, ambições. Como previsto, as pessoas que tinham maior identificação com o próprio "eu futuro" eram as mesmas que demonstravam a maior propensão a sacrificar os interesses imediatos, tendo em vista os benefícios adiados no tempo, enquanto quem esperava se tornar uma pessoa completamente diferente no futuro preferia optar sistematicamente por recompensas imediatas.

Os pesquisadores de Chicago introduziram então uma nova manipulação experimental: foram lidos para todos os sujeitos breves contos antes da prova experimental, relacionados a mudanças que aconteceriam no futuro (10, 20 ou 30 anos depois) na vida dos protagonistas. Para o grupo de controle, tais mudanças diziam respeito a eventos importantes, mas, no geral, habituais: por exemplo, encontrar um novo emprego na mesma área profissional, ou mudar-se para outra residência na mesma cidade. No entanto, para os sujeitos empíricos foram descritos episódios insólitos e traumáticos (uma conversão religiosa, sobreviver por um período em uma zona de guerra, voltar para casa após terem sido sequestrados), que pudessem alterar profundamente a personalidade e os hábitos de vida dos protagonistas – as chamadas "experiências que mudam a vida". Neste momento, pedia-se aos indivíduos para se colocarem no lugar dos protagonistas dessas histórias e realizarem algumas escolhas intertemporais. Os sujeitos empíricos, diferentemente dos sujeitos de controle, preferiam experimentar êxitos positivos (benefícios) antes que ocorressem significativas mudanças na própria vida, enquanto do outro lado estavam bem satisfeitos em adiar êxitos negativos (danos e riscos) para depois de tais mudanças. Isso confirma a estreita ligação entre conectividade psicológica e propensão a cuidar de interesses futuros: na medida em que um evento traumático me tornará "outra pessoa", cabe a mim "depositar" cada experiência positiva anterior a tal evento e impingir àquela outra pessoa os custos da minha conduta atual.

Esses estudos revelam como uma representação fragmentada da nossa identidade pessoal pode nos tornar menos propensos à espera e à perseverança. Além de ter uma representação continuamente distorcida dos nossos interesses e desejos futuros, geralmente não estamos nem mesmo motivados a nos curar disso, já que nos parece que eles não dizem respeito realmente à nossa pessoa, mas a um indivíduo que, ainda que se assemelhe, não reconhecemos como realmente idêntico a nós mesmos.

O céu pode esperar?

Como se não bastassem os numerosos acidentes evolutivos e psicológicos que dificultam a nossa capacidade de esperar, a cultura também pode se intrometer, em alguns casos, para ajudar, mas na maior parte das vezes para tornar ainda mais vulnerável a nossa frágil propensão à espera. Por exemplo, diversos estudos cross-culturais demonstraram que indivíduos provenientes de culturas ocidentais (tipicamente, estadunidenses e canadenses) são menos inclinados a esperar em relação a indivíduos criados em culturas orientais (em particular, japoneses e coreanos). Vários fatores culturais explicam os diversos comportamentos observados: enquanto a cultura ocidental reforça o primado do indivíduo e, portanto, promove a satisfação de seus desejos, a oriental tende a ser muito mais coletivista e convida com frequência a renúncias pessoais em favor de comportamentos considerados corretos ou necessários – uma atitude que poderia facilitar a perseverança. Além disso, paciência e tolerância são valores explicitamente destacados pelas principais tradições culturais e filosóficas do Extremo Oriente, como, por exemplo, o Confucionismo. Soma-se a isso uma visão mais holística do tempo, não concentrada no instante, mas voltada a contemplar o arco inteiro da vida (ou de mais vidas, nos casos em que se acredita na reencarnação) como um todo único e coerente.

Por mais que sejam fascinantes, essas explicações culturais das diferenças observadas em comportamentos individuais tem uma grave limitação: prestam-se, na verdade, a formulações extremamente genéricas, cujas realidades complexas, como a cultura de um povo (ou mesmo de muitos povos diversos, quando opomos Oriente *versus* Ocidente), são reduzidas a estereótipos, esvaziando-as assim de grande parte do seu valor. Por exemplo, deveria ser óbvio a todos que a cultura estadunidense e a coreana diferem em muitos pontos de vista, não só em relação à dimensão individualismo/coletivismo, e se torna, portanto, arbitrário atribuir a tal fator, em vez de outros, a diferença observada. Para não falar da heterogeneidade interna em macrogrupos semelhantes: a cultura de um europeu é bem diferente daquela de um estadunidense, por mais que ambos sejam protótipos da civilização ocidental, assim como os italianos demonstram profundas diferenças culturais em relação aos suecos, mesmo sendo ambos europeus – e poder-se-ia continuar, considerando as diferenças culturais presentes dentro de uma mesma nação. Isto é, conceitos como "Oriente" e "Ocidente" descrevem, inevitavelmente, categorias extremamente amplas e vagas, e como tais não se pode dar-lhes muito crédito do ponto de vista explicativo.

Por causa da extrema heterogeneidade que caracteriza o conceito de "cultura", é sempre possível encontrar algum fator que explique plausivelmente um comportamento diferente observado entre duas ou mais populações. O fato de que tais explicações "soem bem", porém, não as torna menos arbitrárias. Justamente por isso, recentemente os estudos cross-culturais sobre a capacidade de esperar e sobre processos cognitivos e decisórios em geral se concentraram em fenômenos mais bem definidos, como as confissões religiosas. As religiões, diferentemente das culturas, têm mandamentos explícitos e claramente codificados. Os textos que estabelecem os valores éticos e as normas de comportamento de determinada religião estão disponíveis publicamente e são objeto de constante interpretação, discussão e difusão por parte de especialistas (por exemplo, padres e teólogos), enquanto os fiéis de dada religião geralmente são instruídos desde pequenos a seguir os preceitos dela. Isso faz com que a religião constitua uma variável cultural mais específica, mais verificável e mais manipulável – por exemplo, usando imagens ou trechos associados às diversas religiões.

Em relação à capacidade de esperar, dois estudiosos da Universidade de Miami, nos Estados Unidos, examinaram a ampla literatura psicológica sobre os diferentes comportamentos de religiosos e ateus, chegando à conclusão de que a adesão a uma fé religiosa tem, de modo geral, efeitos positivos sobre a saúde, bem-estar pessoal e comportamentos socialmente desejáveis, na medida em que motiva o autocontrole e favorece a autorregulação. Em especial, a religião oferece, a quem adere a ela, um quadro de valores completo, coerente e estável, que reduz os conflitos entre os propósitos e ajuda a preservar uma conduta ordenada, sem causar frustrações por isso.

Esse ponto de vista pode parecer indesejável ou, no mínimo, surpreendente a quem não adere a nenhuma religião, mas nem por isso, se sente sem valores ou incoerentes. Porém, os próprios ateus são os primeiros a ver a religião como fenômeno social que, enquanto tal, requer uma explicação. É, de fato, inegável que a religiosidade, em todas as suas múltiplas manifestações, constitui um dos comportamentos mais arraigados e difundidos na nossa espécie. Com exceção das explicações místicas (somos religiosos em resposta à existência de alguma entidade sobrenatural pela qual somos inspirados), o que significa a obstinada tendência com a qual os povos mais diversos criaram e mantiveram vivas as várias crenças religiosas? A hipótese criada pelos pesquisadores da Universidade de Miami sugere uma possível resposta: a religião ajuda o indivíduo tanto a encontrar precocemente uma direção pela qual orientar os próprios esforços, quanto a manter-se "no bom caminho" ao longo da vida. Sendo assim, representa um precioso instrumento de realização pessoal e coesão social do qual a nossa sociedade ainda não parece pronta a renunciar por enquanto. Mesmo quem descreve as religiões como instituições de controle social, no fundo aceita essa ideia, apesar de transmitir uma conotação negativa.

Entretanto, em um estudo recente conduzido por pesquisadores de Roma, Bolonha e Leida, na Itália, coloca em discussão a generalização da ligação positiva entre crença religiosa e perseverança. As religiões, de fato, são muito diferentes entre elas, não menos do quanto são diferentes as culturas. A natureza clara das doutrinas religiosas permite analisar com precisão tais diferenças e perguntar a si mesmo se o efeito da religião no comportamento não depende de preceitos específicos de determinada fé e não simplesmente da grosseira oposição: religiosos *versus* ateus. Nesse estudo, os pesquisadores compararam a capacidade de esperar demonstrada por católicos praticantes italianos, calvinistas praticantes holandeses e ateus de ambas as nacionalidades, criando a hipótese de que o catolicismo e o calvinismo possam originar efeitos opostos na tolerância à espera. Isso porque a doutrina católica se baseia no ciclo pecado-confissão-penitência: simplificando muito, considera-se normal que o religioso ocasionalmente viole as normas de comportamento (na verdade, assumir não ter pecado é considerado um ato de soberba) e a ofensa causada pela própria transgressão é corrigida, em primeiro lugar, confessando-a ao padre, depois cumprindo os ritos de penitência estabelecidos por ele. Por outro lado, no calvinismo a doutrina da predestinação tem um papel central, segundo a qual Deus já estabeleceu quem se salvará no juízo final, e os atos praticados em vida não podem modificar a vontade dele; porém, tais atos contribuem para revelá-la, já que é impensável que Deus tenha escolhido alguém que se mostra ímpio em vida. Portanto, cada infração tem um valor diagnóstico crucial para o calvinista, uma vez que o assinala como potencial candidato ao inferno (e nem um padre pode interferir na vontade divina): por isso o maior estímulo à moderação e ao autocontrole inerente à fé calvinista em relação à católica.

Os dados experimentais obtidos nesse estudo confirmaram tal hipótese: enquanto os calvinistas holandeses demonstravam ser mais propensos à espera do que os compatriotas ateus, entre os indivíduos italianos, os católicos se mostravam mais impacientes que os ateus. Além disso, os ateus dos dois países não mostravam diferenças em seus comportamentos, confirmando que o efeito dependa da religião e não da cultura em geral. Isso mostra como é plástico o comportamento de escolha dos sujeitos, uma vez que é modificado por mandamentos específicos da crença religiosa à qual aderem e em relação à qual são educados. Além disso, tais dados evidenciam que não é a religiosidade em si que favorece a perseverança, mas o tipo de normas de comportamento imposto por determinado credo: em alguns casos, elas reforçam o autocontrole, mas em outros podem miná-lo, justamente como ocorre entre os católicos italianos.

O fato de que as convicções religiosas influenciam o comportamento não deveria surpreender ou alarmar os fiéis: pelo contrário, demonstra que uma fé sincera é, em primeiro lugar, praticada, e não somente enunciada em palavras. No caso, esses resultados são desconfortáveis em relação ao "caráter nacional" dos países ocidentais, ao menos no que se refere à capacidade de esperar e de evitar tentações e distrações efêmeras. Para todos os efeitos, enquanto membros da chamada "civilização ocidental", não aproveitamos os benefícios da *forma mentis* oriental, que geralmente favorece a calma, a paciência e a perseverança. Pelo contrário, estamos imersos em uma cultura hedonista, individualista e materialista, que faz de tudo para nos induzir a priorizar a recompensa imediata ao invés das conquistas futuras. Como se não bastasse, as evidências experimentais demonstram que a religião católica, amplamente representada e profundamente enraizada nos costumes e na vida pública de grande parte dos países ocidentais, a despeito de seus inúmeros méritos morais, parece não conseguir inspirar moderação e autocontrole, mas favorecer certa tolerância em relação à recompensa imediata, já que oferece ao transgressor a possibilidade de "resgatar-se" através da confissão e da penitência. Desse fato, naturalmente, não decorre qualquer automatismo: é perfeitamente possível sermos católicos sem por isso sermos incapazes de esperar. Porém, a propensão à espera parece ser um valor marginal em nosso sistema cultural.

3

OS CUSTOS DA ESPERA

Conforme era previsto, a leitura do capítulo anterior deve ter parecido um verdadeiro calvário mesmo para a pessoa mais otimista. Naquelas páginas, descobrimos estar condenados a cumprir o futuro de modo hiperbólico, o que produz conflitos intrapessoais que muitas vezes originam verdadeiros dilemas. Tudo pode depender da forma distorcida em que percebemos o tempo, mas, além disso, somos também alvo de fatores viscerais ao decidir, erramos ao prever as nossas motivações futuras, ou mesmo não nos importamos, devido ao modo fragmentário em que nossa identidade se constrói no tempo. Além disso, cultura e religião modificam ainda mais a propensão à espera, de modo nem sempre favorável – tolerando um estilo de vida que privilegia a recompensa imediata em detrimento da perseverança, por exemplo. Um cenário desconfortável que, porém, não parece fazer jus à nossa relativa paciência em relação a outras espécies; ou talvez essa também seja uma ilusão?

Somos mesmo macacos mais pacientes?

Apesar de todas as limitações na nossa capacidade de esperar, não parece que nos saímos tão mal no final das contas, pelo menos em relação a outras espécies animais. Apesar de tudo, não é verdade que talvez a nossa espécie, diferentemente de outras, por vezes planeja e organiza a própria ação em uma escala temporal de semanas, meses, anos, ou até mesmo décadas? Um diploma de estudo, a obtenção de um trabalho, um projeto de vida: nesses casos, o cumprimento do objetivo desejado leva muito tempo e é necessário demonstrar-se capaz de adiar a recompensa a longo prazo. Certo, geralmente falhamos ao cumprir os nossos propósitos, mas nem sempre. Em contrapartida, muitas vezes conseguimos alcançá-los mais ou menos coerentemente, talvez não da melhor maneira, mas ainda assim com um bom percentual de sucesso. Se observarmos outras espécies, não é nada fácil encontrar comportamentos similares: mesmo os "casos exemplares" discutidos nos capítulos anteriores normalmente são relacionados a intervalos de poucas horas ou de alguns dias, ou, no máximo, algumas semanas.

Porém, é melhor sermos cautelosos antes de nos autoproclamarmos a espécie mais paciente da criação. Se é verdade que os dados obtidos em laboratório indicam uma propensão muito maior à espera no *Homo sapiens* do que em outras espécies, é também verdade que os seres humanos geralmente são testados de forma diferente de outros animais. Comparam-se as escolhas intertemporais sobre comida realizadas por animais em laboratório com questionários normalmente usados por indivíduos humanos: sempre que um animal põe-se a escolher entre pequenas quantidades de comida separadas por poucos segundos ou minutos, um participante humano deve optar entre recompensas monetárias (geralmente hipotéticas) distanciadas por dias, semanas ou mesmo anos. A comparação que decorre disso é, portanto, muito grosseira, e é natural perguntar-se o que aconteceria se a nossa espécie fosse posta à prova exatamente no mesmo tipo de teste usado com outros animais.

Quando isso foi feito, os resultados foram surpreendentes. Em 2007, um grupo de pesquisadores alemães e estadunidenses comparou seres humanos e chimpanzés em um teste de escolha intertemporal entre pequenas quantidades de comida: uvas para os macacos e uma comida à escolha para os humanos, entre chocolate, pipoca, uvas-passas, amendoins ou salgadinhos. Para ambas as espécies, a escolha era a mesma: receber 2 pedaços de comida imediatamente ou esperar 2 minutos para ganhar 6. Apesar da avantajada paciência da nossa espécie, os chimpanzés se demonstraram muito mais propensos a esperar que os humanos, escolhendo a recompensa adiada 72% das vezes, contra 19% dos seres humanos. E isso ocorre apesar de ter sido previamente verificada a motivação para comer por parte dos participantes: mais precisamente, aos participantes era permitido escolher a sua comida preferida, eram testados de estômago vazio e quem se declarava saciado ou pouco interessado na comida era então excluído da análise dos dados. Portanto, esses resultados parecem indicar uma propensão muito maior à espera nos chimpanzés, nesse tipo de escolhas.

Para além da vaidade ferida que esses resultados podem suscitar, o que surpreende não é apenas a comparação com outras espécies, mas a incongruência dos seres humanos diante de escolhas aparentemente análogas. Como é possível que a mesma pessoa disposta a esperar por semanas só para ter algum dinheiro a mais não consiga então esperar nem mesmo poucos segundos quando se trata de triplicar uma pequena quantidade de comida? No entanto, é justamente isso o que acontece: em sucessivos estudos observaram-se que a propensão a esperar em tarefas de escolha intertemporal baseadas em questionários é, em média, 100 mil vezes maior do que a demonstrada em tarefas de escolha intertemporal de tipo operante, como as utilizadas com outras espécies. Essa diferença vai muito além do significado estatístico: é como se os sujeitos, na verdade, não estivessem sequer respondendo ao mesmo tipo de escolha.

À primeira vista, poderíamos pensar que o problema fosse inteiramente motivacional: para os seres humanos, as pequenas recompensas de comida usada com outros animais não tem sentido algum, e é por isso que se recusam a esperar mesmo que poucos segundos. A escolha deles, nessa interpretação, demonstra desinteresse, e não impaciência. Mas a hipótese não se sustenta diante das evidências experimentais: em um estudo conduzido por pesquisadores do Instituto de Ciências e Tecnologias da cognição do Conselho Nacional de Pesquisas (CNR – Consiglio Nazionale dele Ricerche) de Roma, aos seres humanos eram também apresentadas escolhas sobre pequenas quantidades de dinheiro como procedimento operacional. Mais especificamente, pediam aos participantes (repetidamente) para escolherem entre 20 centavos disponíveis imediatamente e sessenta centavos disponíveis depois de 80 segundos. Apesar de os participantes demonstrarem uma maior propensão à espera pelo dinheiro do que pela comida, essa permanecia, de todo modo, muito distante de suas tolerâncias à espera, medida com um clássico questionário de escolha intertemporal: no questionário, todos se diziam dispostos a esperar 14 dias para duplicar um prêmio monetário (de 10 a 20 euros); porém, 39% das vezes se recusavam a esperar os 80 segundos necessários para triplicar a recompensa monetária na tarefa operatória (de 20 a 60 centavos). Não se pode explicar essa discrepância alegando a diferença entre recompensas reais (na tarefa operatória) e recompensas hipotéticas (no questionário). Em primeiro lugar, muitos estudos demonstraram que a utilização de recompensas reais, em vez de hipotéticas, não muda respostas dos sujeitos nesse tipo de tarefa; mas, sobretudo, se houvesse uma diferença, essa deveria incentivar os sujeitos a esperarem mais, e não menos.

Enfim, fica a questão: como é possível que os mesmos sujeitos se mostrem tão pacientes em uma tarefa e muito pouco em outra, quando em ambos os casos se trata sempre de escolher entre o pouco imediato e o muito posterior? Na verdade, a nossa propensão a esperar é tão influenciada pelos métodos com os quais é medida? A resposta, como veremos, está no fato de que os diferentes métodos não medem, de fato, o mesmo tipo de espera: ou melhor, a espera envolvida nas duas tarefas tem *custos* muito variados, e são esses a produzir escolhas tão divergentes nos sujeitos. Mas o que mais conta é que esses diversos tipos de espera, com os seus custos, são muito comuns na nossa vida cotidiana, e têm muito a nos ensinar sobre a nossa capacidade de esperar.

Esperar e adiar:
a explicação de uma curiosa assimetria

Imagine estar em seu supermercado de confiança. Você chega ao caixa e se prepara para pagar, quando a funcionária informa sorridente que você ganhou a promoção do mês e tem direito a um prêmio de 50 reais. Para retirar o prêmio, porém, você deve primeiro falar com diretor do supermercado, que no momento está ocupado. Além disso, você não é o único que deve falar com ele: há uma pequena fila em frente à sala e a funcionária informa que vão precisar esperar meia hora antes de conseguir retirar o prêmio. E, pior ainda, você precisa ficar na fila, senão outra pessoa pode pegar o seu lugar. Se não quiser esperar, há a possibilidade de receber um prêmio reduzido, de 49 reais, que a funcionária pode entregar imediatamente. Nesse caso, o que você faria?

Agora imagine o mesmo cenário, mas com uma pequena diferença. Dessa vez, para falar com diretor e retirar o prêmio, vocês não precisa ficar na fila: basta que marque um horário com a caixa e em meia hora o diretor o receberá e entregará os 50 reais.

Enquanto isso, você está livre para fazer o que desejar: andar pelo supermercado, dar uma olhada nas lojas próximas, dar uma volta no quarteirão ou tomar um café. Se mesmo nesse caso você não quiser esperar, há sempre a possibilidade do prêmio de consolação de 49 reais que a caixa pode entregar imediatamente. O que faria nessas circunstâncias?

Muitas pessoas estariam dispostas a esperar no segundo caso, mas não no primeiro: é evidente, sobretudo, que não há nada de irracional em aceitar a espera em um caso, mas não no outro, mesmo que as recompensas e a demora sejam as mesmas. A razão é óbvia: enquanto no primeiro caso esperar tem custos muito altos; no segundo, esses custos são drasticamente reduzidos pela possibilidade de fazer outra atividade durante a espera. Portanto, é completamente sensato que não se deseje esperar meia hora na fila por um real a mais, mas esteja-se disposto a tolerar a espera se, enquanto isso, estiver livre para dedicar-se a outra tarefa. No caso, seria bizarro o contrário: um sujeito que tem prazer em suportar a fila, mas recusa a esperar com hora marcada, em uma mesma situação de incentivos econômicos e duração da espera.

Esse exemplo imaginário reforça considerações que deveriam ser familiares a todos: no fundo, é justamente para reduzir os custos da espera que preferimos marcar um horário no médico ou no cabeleireiro ao invés de nos apresentarmos na sala de espera e permanecer ali até que chegue a nossa vez; e é sempre por isso que, havendo a possibilidade, preferimos reservar uma mesa no restaurante em um horário específico em vez de suportarmos longas filas na entrada. Mesmo quando não temos razão para duvidar que conseguiríamos, de todo modo, usufruir de um serviço, evitar os custos da espera pode ser muito importante ao escolher o que fazer e quando. Por exemplo, eu sei que, indo ao meu barbeiro sem hora marcada por volta do horário de almoço, tenho boas probabilidades de cortar os cabelos no período de 30 a 40 minutos; no entanto, se ligo para ele para marcar um horário, não irá me oferecer antes de amanhã. Porém, justamente para evitar "perder tempo" (isto é, esperar sem poder fazer nada de produtivo ou agradável nesse meio tempo), posso decidir adiar para amanhã o corte de cabelo, marcando um horário, ao invés de fazê-lo hoje e suportar a relativa espera do barbeiro, mais breve, mas também mais penosa. Aliás, as salas de espera de todo o mundo são repletas de revistas, livros e histórias em quadrinhos justamente para aliviar os custos da espera em tais circunstâncias. E os Correios poderiam contribuir com um serviço digno a todos nós, caso se decidissem colocar à disposição distrações parecidas.

Tudo isso é aqui relevante porque a diferença entre questionários e tarefas operatórias de escolha intertemporal está precisamente nos custos da espera: enquanto os adiamentos mencionados por perguntas no questionário (por exemplo, "Você prefere 30 reais hoje ou 45 reais em 3 meses?") nos deixam livres para fazer o que quiseremos durante a espera e não nos expõem ao tédio ou ao desconforto, por outro lado os adiamentos nas tarefas operatórias são "vividos na própria pele", com custos muito mais elevados. Mesmo tratando-se de poucos segundos, durante aquele tempo o participante não pode fazer mais nada, entedia-se e geralmente se sente constrangido, porque sabe que o pesquisador, estando presente ou não, é testemunha de sua espera. Tudo isso faz com que esperar em tarefas operatórias seja muito mais oneroso, tanto para os seres humanos quanto para outros animais: então não é de admirar que a propensão à espera em tais circunstâncias seja muito mais reduzida do que aquela medida por questionários.

De modo geral, é evidente que esperar significa duas coisas bem diferentes nessas tarefas: nas escolhas através de questionário, o participante escolhe *adiar* um ganho, enquanto nas tarefas operatórias precisa, para todos os efeitos, *esperar* para poder obtê-lo. Em iguais condições para recompensa e adiamento, adiar é muito mais fácil do que esperar justamente pela radical diferença nos custos associados a essas formas de espera. Quando se escolhe adiar uma recompensa ou um evento, isso não impõe maiores limitações às atividades que se pode realizar no tempo que decorre. A vantagem de marcar um horário está exatamente nisso: na possibilidade de gerir livremente o próprio tempo, até o momento determinado. Esperar, em sentido estrito, é algo bem diferente, que impõe limitações mais ou menos severas às ações do indivíduo durante a espera. Pense no animal predador que espera ver aparecer a presa, ou na presa escondida à espera que o predador se afaste; ou ainda nas nossas esperas nos Correios, na antessala de um dentista ou diante do cinema. Em todas essas circunstâncias, esperar inclui a impossibilidade de fazer outras coisas, e por vezes também certa parcela de incômodo, por exemplo, porque nos aborrece ou ficamos impacientes para encontrar um amigo atrasado, ou ainda tememos não chegar a tempo de assistir ao filme desejado. Todos os custos da espera que não estão presentes quando nos limitamos a adiar um prêmio ou um evento.

Custos diretos e custos de oportunidade da espera

Até agora falamos de custos da espera de modo geral, destacando como esperar implica em custos mais elevados em relação a adiar, em dadas condições de demora. Podemos, porém, ser mais precisos, identificando ao menos três tipos de custos associados à recompensa adiada em uma escolha intertemporal: custos de oportunidade da recompensa, custos de oportunidade do adiamento e custos diretos da espera. A noção de *custos de oportunidade* vem da economia e detém um princípio simples, mas importante: ao avaliar a conveniência de uma opção, é necessário também levar em consideração o que devemos renunciar para obtê-la. Se um operário deve renunciar às próprias férias e à compra do automóvel para poder pagar a educação dos filhos, isso significa que aquele bem, a educação dos filhos, tem para ele um custo bem maior do que aquele pago por um empresário que, em contrapartida, pode mandar os filhos para a escola sem renunciar a mais nada. Isso se torna verdadeiro mesmo quando os custos diretos da educação dos filhos continuam idênticos em ambos os casos: mesmo que o operário e o empresário paguem exatamente o mesmo valor para que os filhos estudem, aquela despesa implica em uma renúncia para o operário, mas não para o empresário. Intuitivamente, os custos de oportunidade se definem como uma utilidade a que se renuncia, decidindo investir em determinado bem ou linha de ação.

No caso das escolhas intertemporais, dois tipos de custos de oportunidade são relevantes: os associados à recompensa e os associados ao adiamento. A recompensa inclui custos de oportunidade na medida em que não é obtida imediatamente, mas adiada no tempo: uma vez que não se podem utilizar recursos que não se tem, optar por uma recompensa adiada equivale a renunciar a fazer uso dela no tempo que decorre. Por exemplo, caso se aceite uma licença-prêmio que, porém, não estará disponível antes do próximo ano, a impossibilidade de aproveitá-la no tempo intercorrente representa o custo de oportunidade associado àquela recompensa. Os custos de oportunidade do adiamento, no entanto, se referem a tudo o que se renuncia a fazer em virtude do compromisso com a espera: por exemplo, estar presos em uma fila na estrada impede de realizar no meio tempo outras atividades mais agradáveis. Enfim, a espera também tem custos diretos, já lembrados anteriormente: algumas esperas podem ser, se não agradáveis de suportar, pelo menos indolores; mas outras nos deixam pouco toleráveis uma vez que são fontes de tédio, desconforto, irritação – todos os custos diretos de uma atividade geralmente desagradável em termos objetivos.

A relevância dos custos na escolha de esperar é definitivamente confirmada por estudos sobre o uso estratégico das *distrações*. Assim como todos nós inventamos passatempos para enganar as esperas mais entediantes e de tal forma conseguimos tolerá-las, do mesmo modo os indivíduos que conseguem se distrair durante a espera são mais propensos a escolher recompensas adiadas e mais competentes para obtê-las. No teste do marshmallow, do qual se falou no primeiro capítulo, as estratégias mais eficazes para resistir à tentação de filar o doce sobre a mesa consistem justamente em distrair deliberadamente a própria atenção. As crianças olham para outro lado, assobiam baixinho ou, ainda, contam sozinhas histórias inventadas no momento. Isto é duplamente útil: por um lado, desvia a atenção do estímulo tentador, de modo a não tornar a prova ainda mais difícil; por outro, ajuda a "matar o tempo", fazendo algo durante a espera que quebre a monotonia da tarefa e faça transcorrer os minutos de forma mais agradável. Conforme veremos no último capítulo, resultados semelhantes foram observados recentemente no comportamento dos chimpanzés, o que confirma que a sensibilidade aos custos da espera não é prerrogativa exclusivamente humana e que outras espécies animais também desenvolveram estratégias para lidar com eles.

As formigas também se arrependem: o sabor amargo da escolha de esperar

Há um tipo de custo associado à escolha de esperar que ainda não foi discutido: os *arrependimentos* que tal escolha pode provocar. Falar de arrependimentos pode parecer insensato nesse contexto: no fundo, até agora listamos diversas razões pelas quais saber esperar é algo bom e justo. Portanto, se e quando finalmente conseguimos, talvez pelo preço de grande esforço, por que deveríamos nos arrepender? Ainda mais drasticamente: o que haverá para se arrepender em uma escolha que sacrifica uma modesta recompensa imediata por um grande objetivo futuro? Mais precisamente, é do contrário que deveríamos nos arrepender: todas as vezes em que nos mostramos incapazes de esperar, mesmo quando era do nosso interesse fazê-lo! Essa é, sem dúvida, a intuição mais comum, incutida em nossos ânimos por uma moral que premia a perspectiva de longo prazo sobre a satisfação imediata, sempre e, no entanto, independentemente de quão árduo possa ser viver de acordo com tal diretriz. Contudo, a Psicologia nos revela um quadro mais complexo e, em certos aspectos, mais difícil de administrar com equilíbrio. Para nos convencermos disso, é hora de conhecermos outros quatro personagens fictícios – mas não muito, já que ninguém se cansará de reconhecer neles a si mesmo ou alguém que conheça.

Alessandro, Bárbara, Cíntia e David são os alter egos virtuosos de Aldo, Beatriz, Catarina e Dario, que já encontramos nos capítulos anteriores: onde uns demonstram ser incapazes de autocontrole, estes, porém, se destacam. Em especial, Alessandro é um modelo de moderação econômica, o poupador que todo consultor financeiro gostaria de encontrar: limita os seus gastos ao estritamente indispensável, vivendo dignamente, mas sem desperdícios, e todo o excedente investe a longo prazo, sem nunca conceder-se um luxo, uma fantasia, um capricho, sendo também modesto mesmo quando sente tal desejo. Sua irmã Bárbara não fica atrás, mas exercita a sua parcimônia ao comer: alimenta-se só e exclusivamente de comidas saudáveis e equilibradas, e na dieta mortifica constantemente os prazeres da gula em favor de uma alimentação correta. Infelizmente se aflige por uma desmedida (e secreta) paixão pelos doces de todos os tipos, aos quais, porém, opõe uma vigorosa resistência, com férrea disciplina. A mesma disciplina que a sua amiga Cíntia dedica ao estudo, em detrimento de sua vida social: mesmo que tenha uma grande vontade de conhecer novas pessoas, dedicar-se a outras paixões e, em geral, aproveitar a sua juventude, Cíntia sacrifica conscientemente devaneios parecidos no altar da preparação acadêmica, já que a considera de máxima importância e, assim, digna de cada renúncia. Para a sorte de ambos (de outro modo, não se suportariam), o seu noivo David também nutre uma obsessão parecida, orientada, porém, à forma física: não passa um só dia sem treinar por várias horas, mesmo quando está cansado e morrendo de vontade de fazer outra coisa. Diante da tentação de relaxar e reduzir o ritmo de sua atividade física, ou só pular um treino uma única vez, David dedica uma fé inabalável na disciplina, convencido de que cada mínima infração constitui o primeiro passo em direção à total permissividade, o seu pior pesadelo.

Ora, não há dúvida de que esses quatro personagens parecerão dignos de admiração para muitos. De certa forma realmente são, e devemos ter cuidado ao zombar (muito) deles: resistir às tentações não é pouca coisa, como se viu, e quem consegue é merecedor do máximo respeito. Isso não impede que se possa exagerar, mesmo no caminho do autocontrole: um ponto sobre o qual voltaremos no capítulo conclusivo. Por enquanto, porém, nos concentraremos no que foi vivido pelos nossos personagens. Mesmo admitindo que as suas escolhas de vida sejam louváveis, não seria natural imaginar que cada um deles experimente graves arrependimentos pelas renúncias a que se submetem? Ainda mais radicalmente, não pode talvez ocorrer que esses sujeitos, tão desesperadamente virtuosos, também vivam as suas incapacidades de ceder às tentações como um problema de autocontrole, no sentido oposto em relação ao que aflige muitos de nós? Ser compulsivo não é talvez tão problemático quanto ser impulsivo? Apesar do que sugere a célebre fábula da cigarra e a formiga, talvez essa última também se arrependa às vezes por nunca se conceder um minuto de liberdade.

Dois pesquisadores da Columbia University e de Stanford, Ran Kivetz e Itamar Simonson, estudaram os problemas de autocontrole das "formigas", isto é, de indivíduos particularmente virtuosos, como Alessandro, Bárbara, Cíntia e David. Desse modo, descobriram que essas pessoas não só admitem abertamente ter um problema, mas também que tentam resolvê-lo com estratégias parecidas com aquelas usadas pelos impulsivos, somente no sentido oposto. A pessoa impulsiva que teme ceder às tentações, na verdade tentará se colocar em condições de não poder agir precipitadamente no futuro: por exemplo, evitará a tentação de passar por sua padaria preferida, se precisa reduzir o consumo de doces e sabe ser muito gulosa. Esse controle estratégico das situações em que nos colocamos é conhecido como técnica de *precomittment* (literalmente, "compromisso prévio"), e trataremos amplamente disso no último capítulo. Aqui nos interessa notar como pessoas excessivamente virtuosas usam a mesma estratégia para fins opostos: isto é, tentam se colocar em condições em que são levadas a se conceder algum prazer efêmero. Assim como os impulsivos tentam obrigar-se ao autocontrole, os compulsivos tentam vincular-se à indulgência.

No estudo de Kivetz e Simonson, essa obrigação ao luxo de prazeres futuros emergia de modo muito claro: diante da escolha entre um bem percebido como um capricho (uma viagem para uma localidade exótica) e uma soma de dinheiro de valor parecido, ambos distantes no tempo, as pessoas virtuosas tendiam a escolher o primeiro tipo de recompensa muito mais frequentemente que os indivíduos de controle, mas não conseguiam escolher quando as opções eram imediatas. Para quem não sofre de excessivo autocontrole, a recompensa monetária é, sem dúvida, a melhor escolha, já que deixa o sujeito livre para usar o dinheiro como achar melhor, e talvez justamente para conceder-se aquele desejo especial ou outras formas de lazer consideradas preferíveis. Na verdade, os indivíduos de controle que não eram particularmente virtuosos em suas escolhas optavam sempre pelo prêmio em dinheiro. Mas os "virtuosos crônicos" previam (corretamente) a incapacidade de gastar aquele dinheiro em bens efêmeros, por isso preferiam a recompensa não monetária, uma vez que lhes garantiria o lazer que, recebendo o dinheiro, provavelmente se negariam. Naturalmente, conseguiam fazer essa escolha somente quando ambas as opções eram adiadas no tempo (por exemplo, "Prefere tirar férias no valor de 3.000 reais em um ano ou receber 3.000 reais em um ano?"): quando, porém, a escolha era entre alternativas imediatas, a virtude intransigente deles impedia escolher o lazer, e estes sujeitos optavam sistematicamente pelo valor em dinheiro.

Resultados semelhantes revelam o problema de autocontrole dos virtuosos a todo custo, pois demonstram uma ditadura das preferências locais (comportar-se de modo responsável sempre e de qualquer maneira) face às próprias preferências globais (aproveitar a vida, de tempos em tempos). Em termos opostos, esse é exatamente o tipo de dilema que aflige também os impulsivos, em que a preferência local pela tolerância domina a preferência global por um nível aceitável de moderação. É essa relação de mão única entre preferências em conflito que estabelecem um problema de autocontrole em ambas as tipologias: além disso, embora o conteúdo das preferências mude, é sempre o que se quer fazer aqui e agora (moderar-se para a formiga, divertir-se para a cigarra) a falar mais alto, assim, só resta aos indivíduos estudar estratégias para corrigir essa "prepotência do presente". Quando eles falham, surge um agudo arrependimento e, de fato, não é raro que pessoas de férrea disciplina lamentem a própria intransigência, bradando "Não consigo aproveitar a vida!".

Mas o tema do arrependimento nas escolhas intertemporais tem implicações maiores, que esses resultados ajudam a reconhecer. Além dos problemas específicos de quem se excede em disciplina, é a própria natureza da escolha que define uma situação em que, *não importa o que se faça*, sempre se renuncia a alguma coisa. Quem opta pela recompensa imediata, renuncia a perseguir um objetivo de longo prazo, e no futuro pode se arrepender de tê-lo feito e reprovar a própria falta de autocontrole: esse é, essencialmente, o arrependimento impulsivo. Mas mesmo quem resiste e escolhe esperar, inevitavelmente renuncia à recompensa imediata, e também, como acabamos de ver, pode lamentar-se por direito: esse, em síntese, é o arrependimento do virtuoso. Portanto, o arrependimento é, nessas escolhas, inevitável, já que ambas as opções envolvem uma renúncia. Além disso, a nossa percepção dos relativos arrependimentos tende a mudar no tempo, o que leva à reflexão.

As dinâmicas temporais do arrependimento

Os pesquisadores da Columbia University continuaram a estudar os arrependimentos ligados às escolhas intertemporais e, em 2006, Ran Kivetz e Anan Keinan demonstraram como a intensidade deles se modifica no tempo de modo previsível: enquanto a incapacidade de moderar-se de imediato produz mais arrependimento que a renúncia à recompensa imediata, tal relação se inverte com o passar do tempo. Mais especificamente, com o passar dos anos nos tornamos sempre mais tolerantes com relação às próprias falhas ao perseguir os projetos de longo prazo e, por outro lado, o arrependimento pelas oportunidades em que poderíamos ter relaxado e não o fizemos é sobrevalorizado. Isso significa que, em igualdade de condições, a virtude produz mais arrependimento que o vício ao longo do tempo – se por virtude entendermos a capacidade de cumprir projetos de longo prazo, e por vício o ceder a distrações e tentações.

Em um de seus estudos sobre o tema, Kivetz e Keinan entrevistaram passageiros em trânsito em um grande aeroporto dos Estados Unidos. Pediam aos participantes para que lembrassem uma situação do passado em que deveriam escolher entre prazer e dever e na qual, decididamente, optaram por um ou outro. A quem declarava ter escolhido o dever (virtuosos), pediam então para indicarem, em uma escala de 1 a 7, o quanto pareciam ter perdido oportunidades de satisfação pessoal dessa forma. Para quem, porém, declarava ter escolhido o prazer (viciosos), pediam para expressar, sempre em uma escala de 1 a 7, o quanto se sentiam culpados pela decisão tomada. O controle principal dizia respeito à escala temporal a que se referia: para metade dos indivíduos pedia-se para lembrarem uma escolha feita na semana anterior, enquanto a outra metade devia pensar em uma decisão tomada há cerca de cinco anos. Os resultados obtidos mostram a inversão temporal na intensidade do arrependimento: pensando em escolhas feitas no passado recente, tende-se a considerar a infração dos bons propósitos mais grave que a renúncia aos prazeres imediatos, mas isso muda completamente quando se trata de avaliar escolhas semelhantes feitas anos atrás. O tempo que passa, aparentemente, atenua os arrependimentos pela pouca virtude e agrava aqueles ligados às ocasiões perdidas de aproveitar a vida.

O fato de que tendemos a ser tolerantes diante dos próprios erros passados naturalmente não surpreenderá ninguém. Mas esses resultados sugerem algo bem diferente e mais preciso: o que acontece não é uma genérica indulgência perante as escolhas passadas, mas uma redefinição afetiva do que conta como erro em tais escolhas. Na verdade, se por um lado o arrependimento pelo escasso autocontrole se atenua, aquele associado aos excessos de disciplina se agrava. Isso ocorre também em pessoas jovens ou de meia-idade, então não depende do receio de não terem outras oportunidades para se divertirem no futuro – pelo menos, não só disso. Sobretudo, essas dinâmicas temporais de arrependimento eliminam qualquer dúvida sobre a ideia de que saber esperar seja sempre o melhor a se fazer, quando isso envolve renúncias de imediato. Este "primado da paciência", aliás, é sustentado pela visão de que, na maioria das vezes, saber esperar e perseverar tendo objetivos importantes em conta seja uma boa alternativa, considerando tudo. Mas estamos certos de ter realmente considerado tudo? Devemos, no mínimo, incluir no balanço também as avaliações que vamos dar a essa escolha no futuro, e tais julgamentos parecem promover uma maior tolerância à recompensa imediata. Em uma curiosa reviravolta da fábula, assim como a cigarra festeira corre o risco de não sobreviver ao inverno, também a inflexível formiga corre o risco de não aproveitar nem mesmo um dia de verão e depois lamentar-se dolorosamente nos frios meses invernais.

Naturalmente, os arrependimentos futuros não podem e não devem ser a única medida de base sobre a qual avaliar o quão boa é uma escolha no presente. Quando um renomado gestor de empresa expressa arrependimento por não ter aproveitado mais os anos de universidade, tomado como estava em construir as bases de sua carreira, é provável que seja sincero. É possível também que tais arrependimentos sejam manifestos com maior intensidade, comparados aos do desempregado sem qualificações que se lamenta – também sinceramente, mas com menos ênfase – de não ter pensado antes em seu futuro profissional, atropelado por suas efêmeras paixões juvenis. Mas a sinceridade de tais lamentos, do ponto de vista de quem os expressa, não é garantia de sua credibilidade. Em termos objetivos: é muito mais fácil expressar arrependimento por algo que hoje não pagamos as consequências (o caso do gestor da indústria) do que por algo que hoje determina uma situação difícil ou mesmo insolúvel para nós (o drama do desempregado sem qualificações). Apesar de sua sinceridade, o gestor que se lamenta não tem intenção de mudar sua própria situação presente e não gostaria, de forma alguma, de ter passado pela universidade farreando, se hoje isso implicasse em um status profissional diferente. Por outro lado, o desempregado ficaria bem satisfeito em mudar radicalmente sua condição atual, e o seu arrependimento diz respeito aos erros passados que determinaram tal situação desagradável. Enquanto os "arrependimentos" do gestor não afetam em nada a sua autoestima (na verdade, algumas vezes podem ser um modo distorcido de vangloriar-se de sua dedicação no passado), os lamentos do desempregado estão ligados a um insucesso existencial, portanto, não surpreende que o segundo tenda a minimizá-los, enquanto o primeiro não tem problema em admiti-los. Isso poderia contribuir para explicar os resultados observados por Kivetz e Keinan, sem sugerir dessa forma que o vício seja "melhor" que a virtude.

Não deixa, contudo, de ser verdade que a severidade contra si mesmo pode ser excessiva, e antecipar os arrependimentos futuros pode modificar as escolhas realizadas hoje. Seguindo com Kivetz e Keinan, em uma série de estudos em 2008, observou-se uma maior propensão à tolerância diante da recompensa imediata cada vez que os participantes eram levados a antecipar em muitos anos o seu julgamento sobre a escolha atual. Por exemplo, quando se pedia aos participantes, antes de escolher, para imaginar como se sentiriam em relação a uma escolha deles 40 anos depois, isso os induzia a optar, com maior frequência, por recompensas imediatas e "viciosas" (por exemplo, adquirir imediatamente um bem de luxo) do que por prêmios tardios e "virtuosos" – como na qualidade de líder superior ou por ser ligado a exigências menos banais (por exemplo, economizar o custo do bem e investi-lo, obtendo assim um benefício). À parte o fato de que se considere tal efeito dos arrependimentos futuros algo positivo, ou mesmo o enésimo ponto fraco da perseverança, reconhece-se neles um vislumbre de sensatez. Se escolher somente com o fim de minimizar o lamento futuro seria equivocado, ignorar completamente esse fator também parece imprudente. No leito de morte, dificilmente irá acontecer de lamentar-se pela pouca dedicação mostrada no trabalho, ao passo que é provável que se arrependa de não ter prestado maior atenção aos próprios desejos, efêmeros ou não. Com as devidas cautelas, vale a pena ter em mente também esse ponto de vista.

Em relação às escolhas intertemporais, a avaliação dos arrependimentos futuros faz parte dos custos da espera. Em especial, diante da escolha de esperar, o decisor considera não só as oportunidades perdidas ao fazê-lo e os transtornos que isso comporta, mas também o modo como tal escolha será julgada no futuro: como edificante expressão de perseverança ou como excesso de rigor? O ponto não é estabelecer, *a priori*, se seria uma solução justa para dilemas parecidos, mas sim individualizar todos os múltiplos fatores que entram em jogo nessas decisões. Somente desse modo será possível discutir, no último capítulo desse livro, os princípios gerais que distinguem a sã paciência da vã obstinação.

4

PROCRASTINAÇÃO: O PIOR DOS MUNDOS POSSÍVEIS

Até agora nos ocupamos de cenários em que esperar é, em grande medida, uma virtude. No terceiro capítulo, vimos como a propensão à espera e à renúncia a recompensas imediatas também pode ser excessiva e contraproducente, embora isso não refute que saber esperar, nessa acepção e em justa medida, seja uma habilidade preciosa e desejável. No entanto, existem casos evidentes em que esperar não é de modo algum algo virtuoso, mas caracteriza-se, inversamente, como vício e defeito. Tergiversar, voltar atrás, perder tempo, tornar-se preguiçoso, folgado ou, mais precisamente, vagabundo: em todas essas expressões ocorre a ideia de uso indolente e descuidado do tempo, em que esperar equivale a adiar indefinidamente uma ação que, ao contrário, deveria ser realizada depressa e com energia. Tal comportamento é criticado também no provérbio italiano "Quem tem tempo e tempo espera, tempo perde" ou ainda, na música de Geraldo Vandré "Vem vamos embora que esperar não e saber, quem sabe faz a hora não espera acontecer". Neste capítulo, procuraremos explorar essas zonas obscuras da espera e explicar a sua relação com usos mais virtuosos do nosso tempo.

O lado escuro da espera

Chegou o fim de semana e a primavera tão desejada: o tempo finalmente melhorou, as andorinhas voam pelo céu e o ar se perfuma de flores e promessas de verão. Giovanni, um estudante de Medicina, está às voltas com o temido exame de Fisiologia II: a prova será em poucas semanas e há pilhas de livros para estudar. Heroicamente, Giovanni recusou o convite dos seus amigos para passar um fim de semana de diversão na casa de campo de um deles – ainda que estivesse com muita vontade de ir, mesmo porque ali estaria também Lorenza, a sua paixão secreta. Giovanni escolheu sacrificar-se por um ou dois dias de estudo intensivo, de modo a colocar em dia os estudos para o difícil exame. Sexta-feira à tarde foi ao supermercado para não precisar perder tempo com trivialidades do gênero, e agora, sábado de manhã, está pronto para enfrentar os livros e as anotações das aulas.

No entanto, justamente por causa de todos os sacrifícios a que se submeteu, Giovanni pensa que agora não há toda essa pressa de começar: 5 minutos de distração decerto não vai fazer mal, com todo o fim de semana pela frente para se dedicar ao estudo. Pelo contrário, divertir-se por um instante o ajudará a estar mais concentrado depois. Assim, Giovanni abre o navegador em seu computador e começa a surfar sem um objetivo específico e sinceramente intencionado a conceder-se somente uma breve pausa. Após diversos posts no Facebook, uma conversa com um amigo que não vê há tempos (esse também ocupadíssimo com os estudos, mas disponível online por acaso), várias pesquisas no Google, algumas consultas na Wikipédia, uma série de vídeos no YouTube recomendados pelos seus contatos e, é claro, as notícias do dia nos principais jornais online, o nosso Giovanni percebe ter passado uma hora e meia diante da tela. Então decide começar a estudar imediatamente, logo depois de responder duas ou três mensagens urgentes que chegaram por e-mail: com todo tempo que ainda lhe resta, por que não? Quando começa a responder, Giovanni percebe ter esquecido outras mensagens recebidas anteriormente e pensa em aproveitar para colocar um pouco de ordem na sua correspondência: uma atividade que leva outras duas horas. A essa altura, já é hora do almoço: Giovanni, sozinho em casa e desta vez sem ninguém que lhe corra atrás, decide conceder-se um pequeno luxo e começa a preparar alguns dos seus pratos preferidos. Certo, a atividade requer um pouco de tempo, mas com certeza vale a pena. Após o almoço, um pouco empachado pela comida, mas ainda com um dia e meio de estudo ininterrupto diante de si, Giovanni relaxa por um momento no sofá e liga a televisão: levanta-se somente por volta das 4 horas da tarde, após alguns episódios de séries e zapear muito. Agora Giovanni começa a ter alguma crise de consciência, dando-se conta de ainda não ter iniciado o estudo e, por isso, avança com passo firme em direção à estante para apanhar os livros necessários. Infelizmente se encontra diante das prateleiras onde reina a confusão: pilhas tortas de volumes, com os romances misturados aos livros de estudo. É um espetáculo desolador, pensa Giovanni, e é preciso aproveitar rapidinho o tempo concedido por esse fim de semana de isolamento para remediar: Giovanni começa então a reordenar a sua biblioteca, convencido de não levar mais de meia hora. Três horas depois, suado e um pouco estafado, Giovanni está finalmente satisfeito pelos seus esforços: a biblioteca está em ordem e está tudo pronto para começar o estudo. Porém, agora é hora do jantar...

A história de Giovanni poderia continuar, mas a conclusão é óbvia: ao término dos dois dias penosamente reservados ao estudo, o nosso Giovanni terá estudado pouquíssimo ou quase nada, e sem nem mesmo o consolo de ter se divertido. Pelo contrário, se dá conta de ter desperdiçado o tempo em atividades completamente desimportantes e insignificantes e não entende como isso pode ter acontecido: as suas intenções iniciais eram honestas e ele verdadeiramente desejava estudar. Contudo, de pequena distração em pequena distração, Giovanni acaba frustrado. Aquele que deveria ser um fim de semana produtivo e gratificante se transformou no pior dos mundos possíveis: uma sucessão de ocupações vãs, sem conseguir nem estudar nem curtir.

O desastre de Giovanni tem um nome: *procrastinação*. Infelizmente, essa é uma praga endêmica; todos, mais cedo ou mais tarde, sofreremos dela, e para muitos é um problema crônico. O procrastinador não é alguém que adia com o coração leve um compromisso ao qual não dá muita importância: pelo contrário, a procrastinação contém tanto a firme intenção de realizar aquilo a que se comprometeu quanto a genuína convicção de que não fazê-lo seria errado, danoso, lamentável. Justamente por isso, o procrastinador está disposto a fazer sacrifícios e assim o seu sofrimento é ainda mais agudo quando falha no seu próprio propósito. Vale então a pena aprofundar melhor a *forma mentis* – a maneira de pensar – do procrastinador, antes de sugerir alguns remédios contra ela.

Hedonistas, preguiçosos e procrastinadores

O procrastinador é infeliz, e é justamente a sua tendência a procrastinar que o torna infeliz: quanto mais tempo passa sem que consiga concretizar o compromisso assumido, mais acentuado se torna o mal-estar, tanto pelo contínuo desgaste da própria autoestima, quanto pela (correta) sensação de que a tarefa se torna cada vez mais extenuante e, portanto, mais ansiógena. Rapidamente se instaura um círculo vicioso: procrastinar alimenta a ansiedade, e a ansiedade reforça a propensão a procrastinar. Esse "quadro clínico" da procrastinação a distingue marcadamente, seja de tendências hedonistas, seja de uma inclinação sem rodeios ao ócio.

O hedonista abraça a sua tendência à recompensa imediata, mesmo quando depois lamenta as consequências negativas. Se Giovanni tivesse sido um hedonista, teria ido para o campo com os amigos e procurado se divertir com Lorenza, mandando o estudo às favas. Teria chegado ao exame despreparado, mas sem a bagagem de sofrimento e desprezo que aflige o procrastinador. O hedonista geralmente se dá conta dos problemas decorrentes das próprias escolhas de vida: apesar do que dizem os moralistas, hedonismo e estupidez não são sinônimos. Mas o hedonista não considera tais problemas suficientes para preferir um estilo de vida diferente: talvez se lamente das consequências negativas das próprias escolhas, porém elas não minam a sua autoestima, nem o levam a mudar de rota.

Considerações similares se aplicam aos preguiçosos, com a diferença de que esses preferem o *dolce far niente* às recompensas imediatas. Se Giovanni tivesse sido preguiçoso, teria ficado em casa durante o fim de semana, mas não com objetivo de estudar. Pelo contrário, teria se dedicado a passatempos de pouca importância, sem nenhuma inquietação interior. Um dia inteiro diante da televisão para o procrastinador é, retrospectivamente, uma humilhante perda de tempo; para o preguiçoso, porém, é tempo bem gasto. Obviamente, a versão preguiçosa do nosso Giovanni também chegaria ao exame despreparada: de novo, porém, isso não ameaçaria a sua autoimagem, e no máximo daria lugar a resignadas considerações sobre as misérias do mundo moderno, repleto de aflição e correria, sem respeito por quem sabe aproveitar a vida. Aliás, não é por acaso que existe uma longa tradição filosófica e literária de exaltação do ócio: de *Do ócio*, de Sêneca, ao *Elogio ao ócio*, de Bertrand Russel; da *Apologia do ócio*, de Robert Louis Stevenson, às *Ociosas reflexões de um ocioso*, de Jerome K. Jerome.

Infelizmente o procrastinador experimenta uma vivência muito diferente: ambiciona o uso produtivo do próprio tempo e o considera uma medida do próprio valor, portanto vive com dilacerante mal estar a sua incapacidade de realizar tal aspiração. Renuncia aos principais prazeres imediatos, diferentemente do hedonista, e tem vergonha das distrações em que se vê envolvido, ao contrário do preguiçoso. Como eles, tende a não ser nem um pouco produtivo; mas diversamente deles, lida com um terrível martírio. Uma experiência realmente sombria, que tende a piorar ainda mais com o passar do tempo. É necessário, portanto, entender o que o leva a infligir a si mesmo uma tortura tão cruel.

As quatro vias da procrastinação

Dois pioneiros no estudo da procrastinação, os psicólogos sociais Maury Silver e John Sabini, identificaram quatro mecanismos diferentes com os quais os indivíduos colocam em prática a própria tendência a procrastinar: o uso de compensações irracionais, a fragmentação da tomada de decisão sobre horizontes temporais muito breves, a dramatização do esforço empenhado no trabalho e a execução de preparativos infinitos.

Comecemos pelo primeiro caso: muitas das atividades que se realizam, apesar de atrasar o início do trabalho, têm uma função *compensatória*, no que se refere à recompensa frustrada (conceder-se um instante de lazer antes de uma prova longa e difícil ou após ter recusado alternativas agradáveis) ou em relação à própria autoestima (fazer algo de útil, ainda que diferente daquilo que havia prometido a si mesmo). Tais compensações buscam equilibrar o balanço mental, mas o valor delas é superestimado, e nisso está o problema. Se a atividade alternativa em que nos empenhamos realmente compensasse o que se sacrifica ao protelar a tarefa original, o indivíduo então não estaria mais procrastinando: teria simplesmente revisto as próprias motivações, ou na direção do hedonista (me divirto e não quero saber dos compromissos) ou modificando as próprias prioridades produtivas (no final das contas, colocar a casa em ordem é mais importante do que se preparar para o exame). O que caracteriza a procrastinação, contudo, é justamente o fato de que tais atividades alternativas não compensam nem um pouco; do ponto de vista do indivíduo, os custos a que se expõe procrastinando e, por conseguinte, seus valores compensatórios, são somente uma desculpa que o procrastinador usa para justificar a enésima distração. Para o nosso Giovanni, navegar na internet e assistir a um pouco de televisão não equivale de modo algum ao prazer de um fim de semana com os amigos; e a satisfação de cozinhar um bom almoço, responder aos e-mails e organizar a biblioteca certamente não compensa uma nota ruim no exame: portanto, as contas não batem, nem em relação ao prazer, nem em relação à autoestima. Em circunstâncias parecidas, a procrastinação é desencadeada por uma percepção errônea do valor compensatório de ações alternativas.

Um segundo mecanismo da procrastinação se baseia no vício de *escolher a cada 5 minutos o que fazer nos próximos 5 minutos*: o processo decisório é fracionado e repetido em horizontes temporais reduzidos ao invés de se escolher de uma só vez se é o caso de trabalhar ou não por um período prolongado e, então, limitar-se a aplicar o que for decidido. Imagine ter dois dias para escrever um artigo científico e saber que serão necessárias cerca de 6 horas de trabalho. Para evitar que o prazo seja excedido, você decide começar imediatamente. Escrever o artigo em si é bastante desagradável e ansiógeno por causa da avaliação associada a essa atividade. Agora imagine ter que decidir o que fazer nos próximos 5 minutos: trabalhar no artigo ou jogar Angry Birds no seu computador, smartphone ou tablet. O artigo pode esperar pelo tempo de uma partida, o custo de longo prazo será mínimo e, ainda assim, sobrará muito tempo. De imediato, 5 minutos de jogo são muito mais agradáveis que 5 minutos de escrita, além do mais, quanto conseguiria escrever naqueles 5 minutos?

Jogar é, claramente, a melhor escolha. Quando a partida termina, você deve decidir o que fazer nos 5 minutos seguintes. A situação mudou apenas ligeiramente, então chega à mesma conclusão: jogar é *ainda* a melhor escolha. Uma vez que tenha levado a sério a opção do jogo e fragmentado a noite em intervalos de 5 minutos, poderia continuar jogando até de madrugada – e isso já aconteceu a muitos de nós – justamente porque uma partida de Angry Birds é breve e é particularmente atraente como distração "inofensiva". Assim como assistir a 10 minutos de televisão, escutar uma música, ler um artigo de jornal. Infelizmente, fazer escolhas racionais em intervalos de tempo irracionalmente breves nos leva facilmente a procrastinar.

Um terceiro truque com que o procrastinador engana a si mesmo consiste em se dar provas tangíveis do próprio compromisso e então *contentar-se* com tais evidências, esquecendo ou ignorando o trabalho do qual deveria haver uma demonstração. Quantas vezes um estudante parte para as férias levando consigo uma mala cheia de livros, que nem serão abertos? E quantas impressões ou fotocópias inúteis de artigos de trabalho todo pesquisador acumula sobre a própria escrivaninha, dos quais lerá (talvez) somente uma mínima parte? Umberto Eco, explicando *Como se faz uma tese*, chama a atenção dos candidatos diplomados ao "demônio da fotocopiadora". Em *A biblioteca*, o autor volta ao tema com essas palavras:

> As fotocópias são um instrumento de extrema utilidade mas constituem, muitas vezes também, um álibi intelectual: isto é, ao sair de uma biblioteca com um maço de fotocópias, uma pessoa tem a certeza de que, em termos gerais, nunca poderá vir a lê-las todas, de que não poderá sequer encontrá-las porque começam a confundir-se umas com as outras, mas tem a sensação de se ter apoderado do conteúdo desses livros. Antes da xerocivilização, essa mesma pessoa escrevia longas fichas à mão nessas enormes salas de leitura e alguma coisa lhe ficava na cabeça. Com a neurose das fotocópias há o risco de se perderem dias e dias nas bibliotecas a fotocopiar livros que depois não serão lidos.

Aqui, Eco capta justamente o mecanismo de que estamos falando: as fotocópias, assim como os livros na mala, servem para mostrar, aos outros e a nós mesmos, que temos a firme intenção de fazer a coisa certa – aprofundar um tema de pesquisa ou estudar para um exame. Paradoxalmente, porém, essa dramatização do nosso compromisso se torna um álibi para *não* nos empenharmos, na medida em que a consciência nos corrige e nos impele a baixar a guarda diante de distrações e tentações. Os mesmos atos de renúncia facilmente assumem valor demonstrativo e se tornam, portanto, justificativas para a procrastinação: no caso do nosso Giovanni, o sacrifício do fim de semana com os amigos é o rastilho que provoca a cadeia de distrações. Quando começamos a realizar ações a título demonstrativo ao invés de fins práticos, é hora de alarmar-se: é provável que a procrastinação já tenha iniciado a insinuar-se nos nossos projetos. Daí vem o conselho de Eco sobre o uso moderado das fotocópias: é melhor não se dar sinais ilusórios do próprio empenho, já que eles minam o impulso de agir.

Por fim, um quarto mecanismo da procrastinação aproveita-se da utilidade dos *preparativos*, principalmente em vista de uma grande tarefa, levando-a, porém, a exageros paroxísticos em que, de fato, o sujeito gasta *todo* o tempo disponível (ou mais) preparando-se para fazer algo, e acaba sem tempo para realmente executá-lo. Os preparativos infinitos como desculpa para adiar uma tarefa ansiógena são, novamente, uma experiência comum: pense em quantas vezes, ao brado de "ainda não estou pronto", adia-se o momento em que nos declaramos à pessoa amada, talvez ao custo de perder a ocasião; ou em toda preparação dedicada a uma prova esportiva que, porém, continua a ser protelada no tempo, dizendo que ainda não estamos satisfeitos com a própria forma atlética, mas, na verdade, querendo evitar o desafio pelo temor de resultados negativos; ou na dieta que um dia com certeza se iniciará, mas não hoje, porque antes é preciso "preparar-se espiritualmente". Esse mecanismo é traiçoeiro porque se baseia na perversão de considerações absolutamente sensatas: é óbvio que estarmos preparados para enfrentar uma tarefa é útil, ou mesmo necessário, para cumpri-la. Mas se o próprio ato de preparar-se interfere na realização do feito, enquanto leva a nunca iniciar, evidentemente não está realmente nos preparando. Portanto, é importante prestar atenção para que os preparativos não excedam os limites da racionalidade, já que, parafraseando um conhecido ditado, a estrada da procrastinação é repleta de preparativos úteis.

Como se vê, a nossa mente nos induz a procrastinar de muitos modos, com enganos sutis e atraentes. É exatamente isso que explica a perversidade do fenômeno. No entanto, ainda não é tempo de desencorajar-se: embora a procrastinação seja uma doença generalizada, existem modos de contê-la ou direcioná-la em benefício próprio.

Possíveis remédios: prazos estratégicos e úteis divagações

Os prazos, como se sabe, são feitos para serem violados. E somente quem não tem pecados pode atirar a primeira pedra – embora sejamos todos pecadores, alguns mais, outros menos. Por exemplo, o livro que você está lendo foi entregue ao editor algumas semanas *após* o prazo inicialmente acordado: aliás, aproveito a ocasião para agradecer pela paciência, esperando que tenha valido a pena... Mas a verdade é que um atraso de poucas semanas, no âmbito acadêmico, é quase uma virtude diante de atrasos bem mais consistentes que se verificam regularmente. No pior dos casos, à demora associa-se também a pressa com que se conclui um trabalho, ao fazê-lo no último minuto (ou depois): o que leva a fazer mal as coisas, justamente por "falta de tempo".

Não é por acaso que desastres parecidos se verifiquem, sobretudo, com tarefas importantes e trabalhosas, tais como a redação de um livro, a obtenção de um diploma, a entrega de um trabalho complicado e outras similares. Aparentemente, isso é estranho, porque justamente para esses trabalhos é reservado muito tempo: o prazo final, quando é decidido, não está às portas, mas bem distante no futuro, geralmente em alguns meses, ou mesmo anos. Com tanto tempo à disposição, como pode faltar o tempo? Na verdade é o próprio caráter remoto do prazo final a acionar o mecanismo da procrastinação, pois *elimina a preocupação* associada à tarefa e, assim, reduz a motivação para enfrentá-la – e pensamos ainda que teremos mesmo muito tempo para fazê-la. Contudo, isso enfraquece a importância do compromisso assumido: não é que nos esqueçamos dele, mas certamente o colocamos em uma zona de "baixa prioridade" da memória. Quando outras oportunidades se apresentam e devemos decidir assumi-las ou não, somos inclinados a aceitar mais do que seria sensato, à luz dos compromissos já assumidos – o que leva àquela constante sensação de "ter muito a fazer", que aflige com frequência quem faz trabalhos criativos ou ainda autônomos: porque uma coisa é ser sobrecarregado de trabalho por um chefe sádico, mas quando o trabalho em demasia é escolhido por conta própria, como geralmente acontece, é claro que a responsabilidade é dos nossos enganos cognitivos. Um prazo "confortável" na realidade é uma armadilha letal: induz tanto a procrastinar, quanto a assumir muitos compromissos.

Os prazos, porém, podem ser usados *estrategicamente*, para nos ajudar a organizar o trabalho, o estudo e os demais compromissos ao longo do tempo. Uma lição de extremos já está implícita nas considerações anteriores: prazos distantes deveriam ser evitados, ou, quando não é possível evitá-los (porque o trabalho em questão requer muito tempo para ser concluído), devem ser tomadas as medidas necessárias. Em primeiro lugar, um prazo distante é quebrado em muitos subprazos próximos e bem marcados: se um livro de 10 capítulos deve ser entregue em um ano, o autor fará bem ao se dar um prazo para cada capítulo, distanciando uns dos outros de forma racional em relação ao tempo total e aos outros compromissos, de modo que o primeiro prazo será em torno de um mês e, assim, nem um pouco distante. Se isso não basta, a própria elaboração do capítulo se presta a ser segmentada e submetida a prazos específicos: dessa forma, o nosso autor, sob o risco de procrastinação (e estamos todos), terá um primeiro prazo a ser respeitado em uma semana e nenhum tempo a perder. Isso manterá alta a tensão, certo, mas é justamente a tensão que nos ajuda a trabalhar com constância em projetos ambiciosos. Além disso, prazos estritos também ajudam a não subestimar o compromisso firmado, evitando que se assumam outros, superiores às próprias forças. Pessoas que fazem cálculos com prazos semanais, ou mesmo mensais, dificilmente aceitam outros desafios!

Pode surgir, porém, a dúvida de que esse nível de estratégia não seja acessível à maioria, uma vez que requer consciência dos próprios limites e desejo de superá-los. Infelizmente, sabemos que a lucidez é um bem raro entre nós. Portanto, faz sentido se perguntar se prazos bem distribuídos no tempo realmente têm um efeito positivo sobre os desempenhos, se os indivíduos estão aptos a aproveitar esse efeito, e se o fazem da melhor maneira. Uma série de estudos realizada por volta de 2004, conduzidos por Dan Ariely e Klaus Wetenbroch, deu uma resposta positiva aos dois primeiros questionamentos e parcialmente negativa ao terceiro. Isto é, confirmaram a utilidade de prazos regulares e a capacidade dos indivíduos de usá-los em benefício próprio, mas notaram também que as estratégias deles a esse respeito não são sempre as ideais.

Nesses estudos, Ariely e Wertenbroch davam às pessoas tarefas fáceis, mas longas e tediosas de se realizar: por exemplo, corrigir os rascunhos sem sentido de três artigos de revista, com erros artisticamente inseridos pelos avaliadores. Os sujeitos eram divididos em três grupos, com base na manipulação experimental das datas: prazo único (todo o trabalho era entregue ao final), prazos regulares (partes do trabalho eram entregues em intervalos regulares) e prazos à escolha (o sujeito era livre para escolher se daria a si mesmo prazos intermediários ou se entregaria tudo ao final). O serviço era então avaliado com base na pontualidade e na quantidade de trabalho entregue – no caso da correção de rascunhos, o número de erros identificados. Os resultados mostraram que os indivíduos com prazos regulares eram muito mais pontuais e precisos do que aqueles com prazo único, confirmando o impacto positivo de prazos ritmados. A performance de quem tinha prazos à escolha, porém, era intermediário entre aqueles dos outros dois grupos, tanto em pontualidade quanto em precisão. Uma análise complementar do modo em que essas pessoas tinham escolhido seus próprios prazos revela o porquê: quem, podendo escolher, dava a si mesmo prazos em intervalos mais ou menos regulares (cerca da metade dos indivíduos) se mostrava tão pontual e preciso quanto aqueles que tinham recebido tais prazos dos avaliadores; mas quem, no entanto, tinha escolhido se dar prazos concentrados ao final do período previsto, argumentando "assim tenho mais tempo!", revelava então o mesmo desempenho medíocre que os sujeitos com prazo único. Disso se extraem duas lições: de um lado, a eficácia dos prazos regulares não depende de sua fonte, uma vez que funcionam igualmente bem, sejam impostas externamente, sejam escolhidas livremente; por outro lado, somente algumas pessoas, se deixadas livres para organizar o trabalho de forma autônoma, estão aptas a escolher os próprios prazos de forma estratégica.

A utilidade dos prazos não se limita somente à sua distribuição no tempo, mas diz respeito também à estrutura de *incentivos sociais* favorecida pelo respeito. Muitas vezes, na vida profissional, a violação de um prazo tem efeitos geralmente negativos sobre outras pessoas. Na redação de um livro, o autor atrasado impede o editor de publicá-lo, e nesse caminho interfere no fluxo de trabalho de muitas outras figuras: diagramadores, ilustradores, gráficos, vendedores, livreiros, para não falar da impossibilidade dos leitores em adquiri-lo e lê-lo – e todos nós sabemos o quão desagradável é a espera pelo novo romance de um autor muito amado, prometido há tempos e muitas vezes adiado. Isto é, o não cumprimento dos prazos com frequência provoca danos a terceiros, e justamente a consciência disso e o desejo de evitá-lo, nos estimula a ser mais pontuais. Em contrapartida, os prazos mais insidiosos são aqueles em que "ninguém corre atrás de nós", ou seja, aquelas situações em que seremos somente nós mesmos a enfrentar as consequências do eventual atraso.

Quando anunciamos aos quatro ventos a nossa decisão de parar de fumar ou de fazermos dieta, estamos buscando desfrutar justamente dos incentivos sociais para nos mantermos no caminho certo. Dada a extrema probabilidade de insucesso ao respeitar esses bons propósitos, qual o sentido de declará-los assim abertamente? Não estamos nos expondo assim à humilhação pública ou, ainda, somente à vergonha pessoal de saber que os outros estão a par do nosso fracasso? Não seria mais lógico amadurecer tais propósitos privadamente e preservá-los no mais zeloso segredo? Na verdade não, porque o anúncio público das nossas intenções serve justamente para acrescentar custos sociais ao seu não cumprimento, na esperança de que isso aumente a nossa motivação a segui-las. Não surpreende, portanto, que tais incentivos possam reforçar também a nossa propensão ao cumprimento dos prazos.

Se o uso estratégico dos prazos serve para combater o fenômeno da procrastinação, há também métodos alternativos para gerenciar o problema: em especial, John Perry, filósofo da Universidade de Stanford, na Califórnia (Estados Unidos), é um firme defensor da ideia de que a procrastinação deve ser usada em benefício próprio, em vez de erradicada. Perry batizou essa hipótese com o rótulo de *procrastinação estruturada*: uma ideia nascida quase por brincadeira e rica de autoironia, tanto que em 2011 lhe valeu o Prêmio IgNobel, que é entregue (por verdadeiros prêmios Nobel) à descoberta científica mais estranha do ano em homenagem a estudos e experiências absurdas e bizarras que honram a imaginação e atraem o interesse público para a ciência, a medicina e a tecnologia. Mas a ideia não é nem um pouco isenta de aplicações práticas, na verdade se propõe justamente como método concreto de gestão das próprias inevitáveis tendências à procrastinação.

Segundo Perry, a procrastinação é um fenômeno em que a pessoa *faz qualquer outra coisa com o objetivo de não fazer o que deveria*: ou seja, dedica-se a uma atividade alternativa, tipicamente para justificar a falta de empenho no projeto sobre o qual está procrastinando. Mas se as coisas estão assim, raciocina Perry, o fato de que a procrastinação seja ou não uma perda de tempo depende da natureza da atividade alternativa em que embarcamos. Se um estudante passa a tarde vagueando na internet em vez de estudar para o exame de química, obviamente a sua procrastinação se torna uma desgraça. Mas se, em vez de estudar química, o nosso estudante decide começar o trabalho de biologia a ser entregue no próximo mês, agora o balanço do seu dia assume um aspecto diferente. Certo, continuará despreparado para o exame de química. No entanto, não é mais verdade que o estudante tenha perdido tempo, já que o empregou para fazer algo de diferente, mas igualmente útil.

Para que o balanço melhore ainda mais, é necessário escolher com cuidado não só as atividades secundárias a serem realizadas em vez de trabalhar no projeto principal, mas também a tarefa a procrastinar. Nosso estudante, desse ponto de vista, fez mal as suas contas, porque a preparação para um exame não é algo sobre o qual se possa procrastinar impunemente: a data da prova é fixa e inegociável, e estar despreparado ou não apresentar-se produz consequências negativas muito graves. Mas há tarefas que, apesar de sua importância, são mais fáceis de serem procrastinadas: seja porque o prazo final tem margens de negociação, seja porque falhar não implica em consequências trágicas. O "alvo ideal" sobre o qual procrastinar é uma tarefa que a pessoa considera significativa, e que pode, porém, ser adiada sem danos excessivos, ou com danos limitados à própria pessoa (por exemplo, à sua autoestima) e sem consequências em cadeia. Para um acadêmico, o projeto de uma monografia definitiva sobre um tema aprofundado por muito tempo é um exemplo perfeito: ao formular a intenção de realizar tal obra, e talvez tendo também o bom senso de não reduzi-la a uma rede de vínculos institucionais (não assinar antecipadamente um contrato com um editor), isso constitui a premissa ideal para anos inteiros de procrastinação estruturada. O nosso acadêmico justamente considera esse desafio árduo e arriscado: seria trágico, por exemplo, descobrir não ter nada de original para contribuir sobre o tema. Além de esquivar-se da ansiedade que tal prova comporta, o autor *in pectore* ficará bem satisfeito em dedicar-se a outras atividades profissionais, não menos importantes e sobre as quais, de outro modo, teria sido tentado a procrastinar: preparar os cursos, corrigir as provas de seus alunos, escrever outros artigos, avaliar projetos de pesquisa, participar ativamente da vida acadêmica da instituição em que trabalha e muito mais. Nas eficazes palavras do humorista estadunidense Robert Benchley, citado por Perry, "todos podem fazer uma enorme quantidade de trabalho, desde que não se trate do trabalho que deveriam fazer naquele momento".

Poder-se-ia argumentar que a procrastinação estruturada é somente um autoengano e, portanto, impraticável para quem tiver uma límpida consciência das próprias motivações e desaconselhável para quem não a tiver. Na verdade, o único elemento de autoengano diz respeito à viabilidade do objetivo sobre o qual se procrastina: isso deve continuar a ser considerado "em construção", mesmo que o mecanismo preveja que não seja nunca realizado ou não no tempo previsto. Para o restante, porém, a procrastinação estruturada é uma estratégia de gestão das emoções que caracterizam a propensão a adiar: a ansiedade, que nos invade diante da ideia de enfrentar uma tarefa sobre a qual nos aplicamos muito, e a sensação de inadequação, que experimentamos quando percebemos falhar em relação aos nossos parâmetros de avaliação. A ansiedade é o que nos leva a procrastinar: adiamos o empenho na tarefa para evitar descobrir se estamos aptos a enfrentá-la, ficando assim livres de acreditar que iremos conseguir. A sensação de inadequação é, porém, o estado de ânimo ao qual a procrastinação induz, uma vez que nos damos conta que, quanto mais tentamos enfrentar o obstáculo e o eventual prazo se aproxima, torna-se cada vez menos convincente a nossa expectativa de vencê-lo. Entretanto, de acordo com Perry, a inadequação que o procrastinador experimenta em relação ao que adia se traduz em dano à autoestima somente se, no meio tempo, dedicou-se a atividades triviais ou, ainda, ficou de braços cruzados. Se, porém, o procrastinador, mesmo não enfrentando o tão temido desafio, concluiu com sucesso várias outras tarefas significativas, essas compensam a "negação do obstáculo" sobre o projeto principal, e podem inclusive resultar o balanço pessoal positivo. Pouco importa se o nosso acadêmico nunca escreverá o livro conclusivo sobre os rituais de acasalamento das trutas salmonídeas: enquanto isso, ele demonstra ser uma pessoa pontual e confiável, capaz de trabalhar com rendimento em outros projetos e compromissos – graças aos quais evita cuidadosamente dedicar-se à redação de seu livro, tão desejado quanto temido. O autoengano, portanto, é para o bem, e o resultado final não é nada ilusório: o acadêmico tem razões para ser considerado confiável e produtivo, e os fatos o demonstram.

Além disso, a ansiedade que nos toma diante de projetos ambiciosos e que nos leva a encontrar desculpas para adiá-los exprime *justa cautela*, não um defeito de caráter. Talvez o nosso acadêmico, na realidade, não tenha grandes coisas a dizer ao mundo sobre o acasalamento das trutas salmonídeas, e o seu tergiversar ao colocar-se à prova é sinal de que, lá no fundo, ele se dá conta da vaidade de tal ambição, mesmo que não esteja em condições de admiti-lo abertamente. Todos nós, em retrospectiva, temos capacidade de reconhecer que certos projetos, considerados fundamentais em dado momento, mas sempre adiados com algum pretexto e nunca realizados no final, na verdade eram fantasias sem fundamento: se tivéssemos realmente tentado realizá-los, não teríamos chegado longe e durante o percurso teríamos desperdiçado muitas energias e acumulado grandes frustrações. Em tais circunstâncias, procrastinar é um mecanismo de defesa: permite separar-nos docemente dos nossos sonhos mais elevados e menos realizáveis, sem ter de enfrentar bruscamente a consciência de não estar à altura das nossas aspirações, e mantendo *a posteriori* a justificativa de "não houve tempo, senão o teria feito". Se pelo caminho estivermos seguros de não desperdiçar o nosso tempo, empregando-o, sobretudo, em outros projetos úteis e significativos, ao final perceberemos ter ganhado muito sem perder muita coisa.

Há também outro corolário importante e contraintuitivo da procrastinação estruturada: diante de uma tarefa que consideramos sob "risco de procrastinação", assegurar-se de não ter nada mais para fazer é uma estratégia *arriscadíssima*. Trata-se de um erro muito comum: o estudante que deveria preparar-se para o exame, temendo distrair-se ou não ter tempo suficiente, procura fazer *tábula rasa* e recusa qualquer outro compromisso de caráter profissional ou mesmo produtivo, a fim de assegurar-se de não ter nada para fazer, exceto estudar. Mas isso restringe somente o grupo das atividades alternativas úteis a que a procrastinação poderia levar, ao passo que não elimina de todo nem o desejo de adiar o estudo, nem o número de atividades *inúteis* às quais poderia se dedicar. Os usos da internet para tergiversar são tão múltiplos que merecem uma palavra específica para identificá-los: *cyberslacking*, ou o hábito de ser "preguiçoso online". Mas mesmo sem recorrer à tecnologia, quantos de nós têm passado tardes inteiras pondo em ordem os livros da estante ou as roupas nos armário de acordo com critérios mais ou menos complexos, qualquer coisa que adie o início de um trabalho difícil e preocupante? Se nos privamos de distrações úteis, tudo o que nos resta são distrações inúteis – e essas sim levarão o procrastinador a ter uma péssima opinião de si mesmo, e com razão.

Certo, ainda é possível vencer a própria tendência a procrastinar com força de vontade, e nesse sentido a estratégia da *tábula rasa* pode ajudar, uma vez que elimina álibis fáceis: mas é necessário entender que, em tais circunstâncias, a força de vontade é a *única* carta que nos resta para jogar, porque jogamos fora todo o resto do baralho. Trata-se de uma opção muito arriscada, aconselhável somente aos fortes de espírito. Contudo, essas pessoas não serão afetadas por frequentes crises de procrastinação, portanto o problema não se coloca para elas. Para os procrastinadores crônicos, em contrapartida, é necessário prudência ao confiar na própria força de vontade: se a tivessem em medida considerável, não lhes ocorreria procrastinar com tanta frequência. A esses companheiros de desventura, aconselharia bastante a confiar no método da procrastinação estruturada: continuarão a procrastinar, mas evitarão arruinar a própria vida ao fazê-lo.

5

APRENDER A ESPERAR

Até aqui, a leitura deste livro ofereceu poucas razões de otimismo, como geralmente acontece nos textos de Psicologia. Há uma tendência nas Ciências Humanas e Sociais, por vezes perversa, de apreciar com satisfação voyeurística os muitos limites e distorções do nosso comportamento, enumerando de forma pontual os fundamentos sociocognitivos. Embora desagradável, é um exercício potencialmente muito útil: somente uma cuidadosa compreensão das causas do erro (admitindo-se que se trate de um erro) pode permitir remediar a situação. Mas até que tal potencial se concretize, é necessário que os psicólogos não percam de vista a *pars construens* da investigação deles: após terem nos convencido da nossa extrema falibilidade e terem nos ilustrado as raízes, é necessário que nos sugiram também como arrancar essas ervas daninhas ou pelo menos evitar que elas invadam cada recanto da nossa existência. Este capítulo é dedicado justamente a tal missão: uma vez que a nossa gestão do tempo normalmente é desajeitada e insuficiente, agora veremos que existem diversos modos de melhorá-la. A mensagem, portanto, é genuinamente positiva: por mais difícil que seja saber esperar, trata-se de uma arte que pode ser aprendida.

Bons propósitos e exceções ruins: o valor diagnóstico das escolhas

No segundo capítulo, vimos como processos de desconto temporal hiperbólico tornam apetecíveis no curto prazo mesmo opções de pouco valor absoluto, tanto que essas podem se tornar objeto de tentação em relação a objetivos mais importantes, mas distantes no tempo. Ainda que perder peso e melhorar a minha saúde seja bem mais significativo para mim do que comer a fatia de bolo que tenho no prato, o fato de que esta última me ofereça uma recompensa imediata permite superar, aqui e agora, o valor percebido do resultado final da minha dieta, necessariamente distante no tempo e, além disso, incerto. Por isso a tentação de ceder à recompensa imediata e o consequente fracasso em muitos projetos de longo prazo.

No entanto, nós não somos necessariamente cegos diante desses conflitos motivacionais: na verdade, geralmente nos damos perfeitamente conta de que, por mais que a recompensa imediata seja, no momento, dominante, segui-la nos levaria a resultados pouco desejáveis. Em tais situações, buscamos então agir "conforme os princípios", isto é, escolher o curso de ação que intelectualmente reconhecemos como ideal, ainda que as nossas preferências agora nos empurrem na direção contrária. É esse o sentido das *resoluções pessoais*, conhecidas também como "bons propósitos": quando, na virada do ano, ao elaborarmos a lista do que nos comprometeremos a fazer nos doze meses seguintes, normalmente enumeramos precisamente as atividades consideradas importantes, mas sobre as quais tememos ser traídos por fraquezas da vontade – perder peso, fazer mais exercício, parar de fumar, dar mais atenção à família ou, em vez disso, para quem sofre de excessivo autocontrole, conceder-se algum luxo a mais e trabalhar um pouco menos. Desse modo expressamos a intenção de escolher com *perspicácia*, isto é, olhando para os benefícios de longo prazo e não para as recompensas imediatas.

Tal estratégia não é desprovida de eficácia, mas apresenta muitas vulnerabilidades. O principal problema consiste no fato de que, mesmo de um ponto de vista perspicaz, respeitar sempre uma resolução pessoal é menos vantajoso do que não ceder à tentação *pontual* e manter a fé nos bons propósitos em todas as outras circunstâncias. Uma infração isolada, se permanece isolada, não prejudica o resultado final: se em um ano inteiro me concedo somente um cigarro para comemorar a nova promoção, ainda assim posso afirmar ter parado de fumar; idem para uma única fatia de bolo em uma dieta de muitos meses, ou para uma única tarde de relax, diante de semanas e semanas de exercício físico constante. As infrações isoladas são as exceções que confirmam a regra e, portanto, são inofensivas. E então é claro que, quando devo escolher entre privar-me de uma recompensa muito desejada também hoje, ou me concedê-la *somente* hoje e depois não mais, a segunda opção é a melhor, mesmo olhando para os meus interesses de longo prazo. Porém, conforme discutimos nas páginas anteriores, as eventuais exceções não costumam ser realmente exceções, ou mesmo acontecimentos excepcionais, raros, *pontuais*. No dia seguinte, após conceder-se um cigarro, uma fatia de bolo ou uma tarde no sofá, a escolha volta a ser inalterada: mesmo concedendo-me *outro* cigarro, *mais uma* fatia de bolo ou *outra* tarde de descanso, não arruinarei de forma alguma os meus projetos de longo prazo se, a partir de amanhã, recomeçar a segui-los firmemente. E é claro que, sob essa inclinação, os bons propósitos se transformam rapidamente em maus hábitos.

Em particular, é interessante entender porque a probabilidade de conceder-se uma ruptura à regra talvez *aumente* em função das exceções que já foram concedidas a si mesmo no passado. Isso depende do *valor diagnóstico* das nossas escolhas, ou seja: o que as nossas escolhas passadas nos demonstram sobre o tipo de pessoa que somos e, portanto, quais expectativas nos permitem ter sobre o que faremos futuramente. Cada infração aos nossos bons propósitos é um sinal tangível do fato de que não estamos aptos a respeitá-los, e se eu duvido de estar apto a manter o meu esforço em parar de fumar, isso mina a minha capacidade de resistir à tentação de fumar um cigarro, aqui e agora. Afinal, para que suportar tanto esforço e dificuldade se tenho razões para acreditar que, mais cedo ou mais tarde, voltarei, enfim, a fumar? Quanto mais se estende a lista das exceções, menos acreditável é o esforço de longo prazo que assumimos.

Por sorte, esse mecanismo de reforço funciona também em direção oposta, a favor dos nossos bons propósitos: cada vez que resistimos a uma tentação, mostramos a nós mesmos que somos capazes de conseguir e, assim, reforçamos as nossas expectativas de sucesso. E, visto que a probabilidade de sucesso influencia diretamente o interesse associado à escolha de longo prazo, oferece também um potente antídoto contra as tentações da recompensa imediata. Em se tratando de mecanismos recursivos, não é preciso muito para desencadear tanto o círculo vicioso da exceção quanto o virtuoso do comedimento. As resoluções pessoais são justamente tentativas de colocar em prática o mecanismo de reforço na direção esperada.

O que não significa que o processo, uma vez acionado, seja monitorado, já que episódios anteriores de autocontrole reforçam a expectativa de sucesso, mas podem também reduzir a motivação. Por exemplo, após meses de dieta rigorosa, agora a poucos quilos da meta, a exceção da fatia de bolo *pontual* parece bastante inocente, justamente porque estamos tão próximos da meta, e nesse momento nos sentimos seguros do próprio autocontrole. Infelizmente, escorregar nesse ponto pode ser extremamente desastroso e desencadear espirais negativas que anulam em curto espaço de tempo os resultados obtidos anteriormente. Basta pensar no fenômeno do *chronic dieting* (literalmente, "dieta crônica"), frequente, sobretudo, entre as mulheres na adolescência e pós-adolescência: as garotas se submetem a vários regimes alimentares penosos, com os quais geralmente obtêm os resultados desejados, apenas para voltarem após um curto período à situação inicial e recomeçarem novamente outra dieta, em um alternar-se de restrições alimentares bruscas que normalmente se torna prejudicial à saúde. Segundo uma metáfora apresentada pelo psicólogo americano George Ainslie, as resoluções pessoais são mecanismos cujo pulso precisamos controlar periodicamente: ao percebermos batimentos irregulares, aumenta a probabilidade de que também haverá outras irregularidades no futuro.

Estarmos atentos a nos distraírmos

No primeiro capítulo, discutimos o famoso teste do marshmallow de Walter Mischel e colegas, em que crianças de várias idades eram deixadas sozinhas em uma sala e deviam controlar por vários minutos a vontade de tocar ou comer um doce apetitoso posto diante deles (um marshmallow, precisamente, ou, em outras versões, uma bala ou um pedaço de chocolate), a fim de obter mais um ao final do período de espera. Essa série de estudos, e muitos outros inspirados nesses, produziram dois principais resultados: evidenciar uma forte correlação entre propensão precoce ao controle da recompensa e sucesso escolar e social na idade adulta (simplificando, quem, quando criança, é capaz de resistir à tentação do doce, quando adulto se sai melhor na escola, é mais sociável e menos agressivo em relação aos seus pares), e identificar os mecanismos de controle da atenção usados para superar a prova com sucesso.

Aqui nos interessa concentrarmo-nos no segundo aspecto. Na versão de base do experimento, Mischel e os seus colegas logo notaram que as crianças mais capazes de controlar a impulsividade eram também aquelas mais descomplicadas ao colocar em prática diversas técnicas de gestão do desconforto ligado à espera, principalmente através de *usos estratégicos de autodistração*. As crianças, começavam, por exemplo, a explorar a sala com o olhar e evitavam olhar o doce, ou passavam o tempo batucando sobre a mesa, brincando com as próprias mãos, cantarolando baixinho, inventando uma história para si, entre outras coisas. Por outro lado, as crianças que fixavam a própria atenção no objeto de desejo, facilmente se tornavam presa da tentação, às vezes após poucos segundos; e mesmo nos raros casos em que conseguiam resistir, as suas expressões corporais denunciavam um nível de estresse bem mais elevado que aquele demonstrado por quem desenvolvia a tarefa deslocando a atenção para outro lugar.

Em 2007, um grupo de pesquisadores da Universidade da Geórgia, em Atlanta (nos Estados Unidos), obteve resultados semelhantes com os chimpanzés. Os animais estavam participando de uma tarefa de acúmulo, em que um distribuidor automático concedia, em intervalos regulares, pequenas quantidades de comida em uma vasilha: o chimpanzé podia apanhar a vasilha ou o seu conteúdo a qualquer momento, mas assim que o fazia, o abastecimento de comida se interrompia. Portanto, quanto mais o animal adiava o momento de se apossar da vasilha, mais alimento conseguiria obter. Trata-se de uma tarefa particularmente difícil, uma vez que a tentação era contínua (o animal podia tocar a vasilha a qualquer momento) e crescente (quanto mais comida na vasilha, maior era o desejo de apossar-se dela). O mais interessante é que a capacidade de esperar dos chimpanzés melhorou significativamente quando puderam distrair-se durante a espera, graças a alguns objetos introduzidos no ambiente para brincarem. Não só os animais esperavam mais quando tais objetos estavam disponíveis, como brincavam com os objetos por muito mais tempo quando as recompensas estavam presentes, o que sugere que os chimpanzés estivessem se distraindo deliberadamente para suportar melhor a espera, exatamente como fazem as crianças (e os adultos) em circunstâncias parecidas.

No que diz respeito à nossa espécie, os deslocamentos de atenção influenciam a espera mesmo quando acontecem *mentalmente*, ao invés de fisicamente: não se trata só de decidir estrategicamente o que olhar, mas também, e sobretudo, o que pensar, sobre quais aspectos das recompensas concentrar-se e de que forma. Não por acaso, William James, em seu *Princípios de psicologia*, publicado em 1890, já atribuía à atenção um papel central no autocontrole. Em seus estudos, Mischel e colegas manipularam repetidamente as variáveis atentivas da tarefa, chegando a identificar numerosos princípios de base. Por exemplo, a eficácia de "pensar em outra coisa" durante a espera depende do que se pensa: as crianças esperavam muito mais quando eram induzidas a ter pensamentos divertidos, enquanto a capacidade de ter paciência diminuía drasticamente quando eram estimuladas em direção a pensamentos tristes – provavelmente pela necessidade de suprir com uma recompensa imediata o incômodo provocado por reflexões melancólicas ou desagradáveis. E a capacidade de transformar mentalmente as recompensas (abstração) torna-se muito mais importante que a natureza material das recompensas em si, mesmo na infância: crianças colocadas diante da fotografia do doce, em vez da recompensa real, chegavam a esperar até quase 18 minutos, mas esse tempo se reduzia a menos de 6 minutos se era pedido às crianças para imaginarem ter à frente o verdadeiro doce e não a sua foto; do mesmo modo, quando as crianças eram colocadas diante do doce e pedia-se a elas para fazer de conta que fosse só uma fotografia, os tempos de espera voltavam a alcançar os 18 minutos. Isso mostra como a representação cognitiva da recompensa é o que mais influencia as nossas escolhas.

Resultados semelhantes têm diversas aplicações nas nossas tentativas de perseguir objetivos distantes no tempo, e também explicam muitas das nossas falhas. Imagine estar de dieta e passar em revista o menu do restaurante: na seção dedicada às sobremesas (que, diga-se de passagem, teria sido melhor nem mesmo ver), os olhos pousam sobre o seu doce preferido. Resistir à tentação de pedi-lo aqui e agora depende muito da forma como seus pensamentos são orientados em relação a tal possibilidade. Se começar a imaginar o doce em todo o seu esplendor gastronômico, pleno de seu cheirinho aromático, aspecto convidativo e gosto delicioso, dificilmente conseguirá se conter. Mas se, porém, concentrar sua atenção na sensação de peso que sentirá assim que voltar para casa, ou nos olhares constrangedores de seus companheiros de jantar, na medida em que o virem infringir tão descaradamente a sua dieta, com certeza será menos árduo resistir e optar por um pedaço de fruta. Ou poderia deslocar a sua atenção de forma mais ampla, orientando-a diretamente ao objetivo final que se propôs, antecipando assim a recompensa futura associada à sua renúncia atual. Por exemplo, poderia se imaginar daqui a alguns meses, no verão, desfilando orgulhosamente na praia, mostrando aos invejosos ao redor uma barriga lisa e uma forma perfeita. Quanto mais conseguir imergir a sua atenção nessa agradável antecipação, menos parecerá interessante o tão temido doce.

Enfim, caso se pretenda aprender a esperar e a perseverar, é preciso estar atentos ao modo em que nos distraímos, orientando olhares e pensamentos em direção ao que reforça, ao invés de enfraquecer, a nossa determinação. Isso vale não só para as crianças e os macacos, mas também para nós adultos. E uma estratégia parecida se aplica não só às opções concretas entre as quais nos vemos a escolher, mas também às emoções que associamos a tais decisões.

Usos estratégicos de antecipações e arrependimentos

No terceiro capítulo, vimos que emoções negativas, como o lamento, podem se associar tanto à recompensa imediata, quanto à busca tenaz de objetivos de longo prazo. E não só: as recriminações por uma falha no autocontrole desvanecem muito depressa, enquanto o arrependimento por não ter aproveitado os prazeres da vida tende a aumentar com o tempo. Isso faz com que, no longo prazo, nos tornemos muito complacentes em relação aos próprios "pecados de juventude", e vejamos com arrependimento as renúncias feitas em nome de ambições mais sérias, como o estudo, o trabalho, a construção de uma família.

Porém, esses mesmos lamentos, se antecipados corretamente pelo decisor, podem ser usados estrategicamente, como *incentivos para corrigir as próprias inclinações atuais*, sempre que sejam consideradas pouco eficientes. Quem, por exemplo, inibe excessivamente a recompensa imediata, no sentido de que, mesmo querendo, nunca consegue se conceder pausas, distrações e prazeres alternativos ao trabalho ou ao estudo, pode conseguir modificar as próprias inclinações, antecipando o arrependimento que a renúncia ao lazer causará no futuro. É justamente esse o resultado observado no estudo de Anat Keinan e Ran Kivetz, já discutido anteriormente: induzir indivíduos propensos ao autocontrole a refletir sobre como se sentiriam em relação à própria escolha em 40 anos, produz uma propensão maior, aqui e agora, a escolher a opção associada a uma recompensa imediata (por exemplo, o consumo de um bem de luxo), mais do que aquela "virtuosa" (por exemplo, investir a mesma cifra e obter depois algo de maior interesse em muitos anos). Vice-versa, a antecipação dos arrependimentos futuros em indivíduos que tendem à impulsividade terá efeitos igualmente corretivos, mas de sentido oposto: nesse caso, o que se imagina é a vergonha e o desconforto de acabarem falidos, pessoas que não conseguiram construir nada de durável no curso da própria vida. Tais emoções negativas são evocadas antecipadamente como advertência, para nos levar a fazer o correto na situação atual e assim evitarmos nos "sentir mal" no futuro. Tanto para o virtuoso crônico como para o impulsivo patológico, a antecipação do arrependimento desempenha a mesma função do Espírito de Natal Futuro no *Conto de Natal*, de Charles Dickens: temer as consequências emocionalmente nefastas da escolha a que estamos propensos, para que isso nos leve a fazer de outra forma, e melhor. Não é por acaso que Dickens usa tal artifício literário para descrever a mudança de vida de Ebenezer Scrooge, o símbolo de uma pessoa compulsiva, incapaz de generosidade não só em relação aos outros, mas também para consigo mesmo.

Antecipar as consequências emocionais das nossas escolhas pode melhorar o nosso autocontrole mesmo quando o estado de ânimo evocado é agradável, em vez de desagradável: assim como imaginar emoções negativas futuras ajuda a evitar erros, imaginá-las positivas pode nos motivar a fazer o correto. Conforme vimos, o que torna a recompensa imediata tão difícil de resistir é justamente o fato de que os resultados positivos do comedimento são distantes no tempo e, portanto, também pouco relevantes e afetivamente "frios". Enquanto a fatia de bolo no prato me provoca uma resposta fisiológica e emocional imediata, o resultado da minha dieta semestral, embora importante, não é marcado afetivamente no momento. Porém, a "frieza" dos resultados de longo prazo pode ser diluída, antecipando as emoções positivas que a sua obtenção irá proporcionar: como no exemplo visto há pouco, imaginar o orgulho e a satisfação de chegar à "prova da roupa" em perfeita forma confere imediatamente muito mais significado emocional à opção de aguentar firme na minha dieta e, por isso, me torna mais capaz de vencer a batalha contra a tentação do momento. Aqui não se trata só de desviar a atenção para outro lado, mas também de dar vitalidade e consistência ao objetivo de longo prazo, a fim de que não se mantenha uma mera aspiração intelectual, mas se torne uma motivação viva e proeminente.

O uso antecipatório das emoções, positivas ou negativas, para favorecer o autocontrole se baseia justamente nesse princípio geral: trazer para o presente um benefício ou um dano emocional futuro, de modo que exerça efeito sobre a escolha atual. O segredo é fazê-lo de forma estratégica, selecionando somente aquelas emoções que possam orientar as nossas escolhas na direção esperada, e evitando cuidadosamente aquelas vivências que, no entanto, poderiam tornar a vida ainda mais difícil. No caso das dietas, antecipar a ansiedade ligada às possibilidades concretas de fracasso teria um efeito negativo quando, no futuro, nos encontrarmos expostos a tentações, levando facilmente a renunciar ou a nem mesmo tentar. Do mesmo modo, um estudante com problemas de autodisciplina, ao organizar o seu estudo, deveria concentrar-se o menos possível nos prováveis arrependimentos futuros pelas oportunidades de diversão perdidas: do contrário, terminará por justificar cada excesso bradando: "Se não aproveitar a minha vida agora, depois vou me arrepender!". Isto é, a antecipação das emoções futuras pode melhorar ou piorar a qualidade da escolha atual: tudo depende do cuidado com que selecionamos quais emoções antecipar, em função de nossos objetivos.

A tática de Ulisses: autocontrole e vínculos externos

Todos conhecem o episódio de Ulisses com as sereias, narrado por Homero no décimo segundo livro da *Odisseia*: o herói grego, alertado sobre o poder encantador do canto das sereias, e, ainda assim, curioso para escutá-lo, tapa os ouvidos de seus homens e depois se amarra ao mastro do navio, ordenando que não o desamarrassem de jeito nenhum, nem mesmo se ele implorasse. O plano funciona: os marinheiros remam para além das rochas das sereias sem ouvir-lhes o canto, que Ulisses, porém, escuta, desejando então lançar-se ao mar para encontrá-las. No entanto, a tripulação permanece surda às suas súplicas e, assim, o herói consegue salvar-se. Aliás, o episódio geralmente é citado de forma indevida como um exemplo da astúcia de Ulisses, esquecendo-se que, na realidade, é a maga Circe que sugere a ele, nos mínimos detalhes, essa estratégia – de modo que o herói, nesse caso, é um mero executor do plano de outra pessoa.

Independentemente de quem seja o autor, essa estratégia se tornou, sobretudo graças aos trabalhos do filósofo Jon Elster e do economista Thomas Schelling, o símbolo de uma forma particular de autocontrole: o uso dos vínculos externos para governar a nossa conduta, conhecido também como *precommitment*. A ideia é muito simples: prevendo o surgimento futuro de motivações então consideradas indesejáveis ou mesmo danosas (para Ulisses, o impulso suicida induzido pelo canto das sereias), o indivíduo intervém no presente para limitar estrategicamente as próprias opções de escolha futura. Ao amarrar-se ao mastro do navio, impede-se de fazer uma besteira. Note-se que o episódio homérico, mesmo com a sua natureza exótica, não é um caso isolado ou extremo. Pelo contrário, estratégias parecidas de *precommitment* são extremamente frequentes na vida cotidiana, e poderiam, inclusive, ser consideradas a principal resposta a vários problemas de autocontrole.

Em primeiro lugar, é possível identificar um equivalente exato do plano homérico em um contexto bem mais mundano: é o caso do "rato de livraria". Imaginem uma pessoa amante dos livros, para a qual passar tardes inteiras em uma livraria constitui um sumo prazer: mais especificamente, a pessoa em questão tem um forte desejo de ir para a livraria ainda na tarde de hoje, para preencher um dia que, de outro modo, seria entediante. Porém, o nosso "rato de livraria" é consciente de que o próprio amor pelos livros não se limita a folheá-los, mas implica também em certa possessividade e na absoluta incapacidade de resistir ao desejo de comprar novos. Para ele, os livros são equivalentes às sereias para Ulisses. Essa pessoa prevê corretamente que, caso fosse para a livraria naquela tarde, acabaria comprando uma montanha de livros e, infelizmente, a sua condição econômica no momento torna desaconselhável tal dispêndio de dinheiro. Diante do dilema entre absoluto comedimento (evitar ir à livraria) e absoluta tolerância (comprar um monte de livros), o nosso "rato de livraria" arranja uma estratégia de *precommitment*: vai à livraria deixando intencionalmente a carteira em casa, com o objetivo de impedir compras impulsivas, quando se sentir tentado a fazê-las. Essa é exatamente a mesma estratégia usada por Ulisses, o qual, ao invés de tapar os ouvidos como o restante da tripulação ou não fazer nada, condenando-se à morte certa, opta por uma adequada limitação das próprias possibilidades futuras de ação, de modo a impedi-lo de fazer tolices no momento oportuno.

Tanto Ulisses quanto o "rato de livraria" resolvem os seus problemas limitando o que poderão fazer no momento crítico, mas essa não é a única forma em que podem usar vínculos externos para conseguir exercer o autocontrole. Antes de redigir um estudo de caso sobre as várias estratégias de *precommitment*, é útil citar mais algum exemplo concreto. Uma pessoa em dieta muitas vezes evita sair para jantar com os amigos, já que sabe que em tais ocasiões sociais é muito mais difícil honrar as próprias regras alimentares: seja porque se está mais exposto a tentações, seja porque tem razões independentes para fazer exceções (não deseja criar incômodo aos outros companheiros de jantar, envergonha-se etc.). Um pesquisador que está trabalhando em um artigo ou um escritor que precisa redigir um romance sabem bem o quanto é útil não ter acesso à internet por alguns dias, para trabalhar e não perder tempo na rede ou respondendo mensagens de correio eletrônico: e hoje existem softwares específicos, de grande sucesso, baseados nesse princípio, os quais desconectam automaticamente o próprio computador da internet por períodos predefinidos (para mais detalhes, veja: macfreedom.com). Do mesmo modo, quem sofre de uma tendência compulsiva por compras fará bem em evitar os shopping centers durante a época das liquidações, ou ao menos deixando a carteira em casa, seguindo o exemplo do nosso "rato de livraria". E, naturalmente, escolher investimentos não liquidáveis antes de um dado prazo, ou liquidáveis somente pagando uma multa, constitui uma estratégia muito comum para procurar limitar os próprios consumos impulsivos. Em geral, essas táticas funcionam ou porque limitam as próprias possibilidades de ação futura de modo estratégico, como já observado no caso de Ulisses e do "rato de livraria", ou também porque evitam prejudicar o surgimento de desejos preponderantes, mas subotimizados (por exemplo, manter-se à distância dos shopping centers ajuda o indivíduo a suprimir o desejo de comprar coisas inúteis).

Nessa ótica, o uso de vínculos externos inclui também táticas baseadas em um controle estratégico da própria atenção ou na antecipação das emoções, discutidas anteriormente: sempre que não se pode modificar o ambiente externo, procura-se manipular o *interno*, isto é, a nossa representação mental da situação de escolha e de suas consequências. Tomemos o caso das crianças que enfrentam o teste do marshmallow: já que aqui a mudança física do mundo é proibida (não se pode amarrar as mãos, nem se pode abandonar a sala em que se encontra a recompensa imediata, nem pedir a alguém para levá-la embora), as crianças organizam a própria percepção de modo a marginalizar a opção tentadora, concentrando a atenção em outro lugar, possivelmente nos resultados positivos associados à perseverança delas. O último objetivo de tais esforços é o mesmo para Ulisses e para o "rato de livraria", e o fato de que os vínculos sejam impostos interiormente, mais do que externamente, é de importância secundária. Considerações semelhantes valem para a manipulação estratégica das próprias emoções visando facilitar o autocontrole: por exemplo, quando evocamos antecipadamente os sentimentos de arrependimento ou mesmo culpa que experimentaríamos na medida em que cedêssemos à tentação, ao invés de nos concentrarmos nas sensações agradáveis que se associam à recompensa imediata.

Em suma, os seres humanos utilizam uma ampla lista de estratégias para obter autocontrole através de vínculos externos autoimpostos. O cenário do shopping center permite ilustrar de modo claro: para moderar a própria conduta e evitar compras compulsivas, o indivíduo que sofre de desvios consumistas pode passar longe desses locais (prevenção das tentações), evitar levar consigo algum meio de pagamento quando tiver que ir (limitação das ações), ou ainda concentrar-se nas emoções que desencorajam compras impulsivas, imaginando, por exemplo, a vergonha que sentiria quando outros soubessem de seu comportamento (regulação das emoções). São óbvias e importantes diferenças entre essas estratégias, mas todas têm algo em comum: funcionam como tentativas de modificar o cenário de escolha de forma que tornem mais fácil, ou mesmo inevitável, o autocontrole.

O fato de que tais estratégias funcionem não significa que funcionem sempre de forma ideal, mas um pouco de autocontrole, em certos contextos, é preferível à sua total ausência, mesmo que os custos sejam muito altos. Um exemplo nesse sentido é dado por um estudo conduzido por Stefano Della Vigna e Ulrike Malmendier alguns anos atrás nos Estados Unidos, referente à frequência com que um amplo número de indivíduos, quase 8.000 pessoas, frequentavam a academia, em relação aos planos contratuais escolhidos por eles. Della Vigna e Malmendier notaram que quem escolhia a fórmula do plano mensal na academia, depois frequentava, em média, um número de vezes inferior ao que teria sido necessário para justificar a escolha de matricular-se: em especial, se eles tivessem pagado o ingresso individual para as suas raras visitas à academia, teriam economizado em média cerca de 30 dólares por mês em relação ao custo do plano mensal. No período total de frequência à academia, esses indivíduos desperdiçavam, em média, mais de 600 dólares – uma cifra realmente considerável! Não se trata, obviamente, de um caso isolado: muitos de nós (incluindo quem escreve) já nos inscrevemos na academia ou na natação com a firme intenção de ir com frequência e, assim, gastar menos, mas depois frequentar muito pouco e perceber ter jogado o dinheiro fora.

Há ao menos duas interpretações para tal comportamento. Por um lado, pode-se considerá-lo um indicativo de otimismo excessivo sobre o próprio autocontrole futuro e, portanto, um erro de previsão sobre o que se fará nas semanas seguintes: essa é a interpretação favorita de Della Vigna e Malmendier. Ou pode-se entender que os indivíduos, pagando a inscrição antecipadamente, estão buscando aplicar uma estratégia de *precommitment*, impondo um custo à escolha futura de não frequentar, como um antídoto à preguiça. Mais especificamente, desfrutam da eficácia psicológica do que os economistas chamam de *custos irrecuperáveis*: gastos que já foram deduzidos (o preço da inscrição) e que, racionalmente, não deveriam influenciar a escolha atual (ir ou não ir à academia em determinado dia), porém, levam à opção que pode "justificá-los" no nosso balanço pessoal mental (desfrutar o acesso à academia pelo qual já pagamos, mesmo que no momento preferíssemos não fazer nada). Os dados de Della Vigna e Malmendier demonstram que os custos irrecuperáveis não são suficientes para transformar um preguiçoso em atleta; mas isso não impede que tais custos tenham, de todo modo, um efeito positivo, incentivando-os a ir à academia ao menos *de vez em quando*, ainda que não seja o suficiente para justificar as suas escolhas contratuais. Não fornecendo dados sobre a frequência de visitas daqueles que pagavam de tempos em tempos, o estudo não esclarece esse ponto. Mas é evidente que podemos imaginar dois "tipos psicológicos" nessa situação: de um lado, a pessoa que realmente se ilude, pagando a inscrição com a convicção (errônea) de então se tornar um frequentador assíduo; de outro, a pessoa consciente dos próprios limites e, justamente por isso, convencida de que, sem se inscrever, nunca colocaria os pés na academia. Quem raciocina desse modo, certamente não é ingênuo e, de acordo com suas preferências, poderia ser até mesmo racional: sabe muito bem que o custo irrecuperável da inscrição o levará a ir à academia somente algumas vezes, mas o paga de bom grado, sabendo que de outra forma, não iria nunca. Isso representa uma estratégia de *precomittment* talvez não ideal, mas, de qualquer forma, sensata e eficaz.

Habituar-se à espera: compromissos suaves e linhas luminosas

Um dos maiores riscos na gestão do tempo consiste em fazer as próprias escolhas de modo excessivamente local e restrito, avaliando as opções tais como se apresentam aqui e agora, sem as inserir em um contexto mais amplo. Muitas vezes discutimos o caso emblemático do fumante que tenta parar: entre concentrar-se na escolha, conceder-se o último cigarro e depois parar, ou então parar imediatamente e não fumar o último cigarro, a primeira opção é, evidentemente, preferível, independentemente do que fará em seguida. Se o fumante penitente está convencido de que tal cigarro será realmente o último, então fumá-lo é irrelevante para os seus planos de longo prazo e, portanto, ceder garante um prazer imediato sem riscos ou danos futuros. Se, porém, pensa que não conseguirá cumprir o compromisso assumido, por que se submeter à frustração imediata? Mais vale admitir logo os próprios limites e aproveitar pelo menos o prazer de fumar. Infelizmente, essas considerações valem a qualquer momento do longo e complexo processo de parar de fumar, e assim cada cigarro se torna sempre o "último": contudo, isso equivale a escolher continuar a fumar dizendo estar tentando parar.

O erro nesse raciocínio está em não reconhecer a ligação causal entre o que se escolhe localmente, aqui e agora, e o que se conseguirá completar globalmente, a longo prazo. Não só fumar o último cigarro é um passo concreto no caminho que queremos evitar, como também é um ato que aumenta a probabilidade de prosseguir em tal caminho quando a mesma escolha volta a se apresentar inalterada pelos mecanismos de reforços discutidos há pouco. Isso faz com que as pessoas continuem a escolher entre opções, enquanto deveriam escolher entre esquemas comportamentais de caráter geral, de modo a não serem postos em discussão a cada instante. Note-se que o problema diz respeito à *granularidade* da escolha, não à sua racionalidade: na escolha entre fumar ou não fumar agora um cigarro, fumar é a opção racional, pelos motivos relembrados; mas na escolha entre fumar sempre ou não fumar nunca, a segunda alternativa é a racional. Caímos em tentação não porque somos irracionais, mas sim porque aplicamos a nossa racionalidade em opções errôneas: ao invés de escolher entre estilos de vida, escolhemos entre ações isoladas, como se elas não fossem os tijolos de que um estilo de vida se compõe.

Um remédio milenar contra a tendência a fragmentar excessivamente as decisões se baseia no desenvolvimento, autônomo ou induzido por outros, de *bons hábitos*. Quem tem filhos sabe muito bem que o modo correto de ensinar a higiene dental, assim como muitas outras coisas, não prevê explicações elaboradas sobre os benefícios de longo prazo decorrentes dela, a não ser *pontualmente*, mas sim a aquisição precoce do hábito de escovar os dentes certo número de vezes ao dia e de determinado modo. Nós não queremos que as crianças decidam se devem escovar os dentes agora ou fazer uma exceção e depois escová-los com regularidade no futuro. E não queremos colocá-los diante dessa escolha justamente porque intuímos que é similar à do fumante penitente, e igualmente traiçoeira:

racionalmente, não escovar os dentes "somente" hoje será *sempre* a opção preferível – e levante a mão quem nunca se justificou de tal modo, mesmo quando adulto. Para evitar que uma sequência infinita de exceções arruíne a dentição da prole, o que fazemos como pais é profundamente diferente, e absolutamente correto: habituamos os nossos filhos a escovar os dentes sempre em certos momentos, para que não se coloquem nem mesmo a questão de fazê-lo ou não, mas ajam de modo praticamente automático. E reforçamos tal hábito com vários artifícios ritualísticos, se necessário: a escova sempre da mesma cor, a pasta de uma marca bem específica, o banquinho perto da pia, talvez mesmo uma musiquinha sobre dentinhos e a mímica com que se escovam de mentirinha também os dentes do ursinho de pelúcia – seja o que for, menos apresentar a escovação dos dentes como uma escolha a ser feita aqui e agora. Não há nada a se escolher, trata-se somente de seguir o hábito.

Aristóteles já havia reconhecido a importância desses processos de criação de hábitos na formação de um caráter excelente, de que falaremos mais adiante. Uma ilustração particularmente eficaz da importância dos hábitos na gestão do tempo se encontra em um ensaio de 1887 de William James, intitulado *As leis do hábito*.

> Não há ser mais compassivo que aquele para o qual só a indecisão é habitual, e cada simples e repetitivo gesto é objeto de uma expressa deliberação volitiva. Tal indivíduo perde a metade do seu tempo em decisões e lamentos por coisas que deveriam ser tão naturais para ele, a ponto de não ocupar minimamente a sua consciência. Se entre vós há alguém que ainda não assimilou os deveres da cotidianidade, é melhor que comece a fazê-lo a partir de agora.

James nos mostra que na gestão do tempo, como em outras coisas, permanecemos sempre crianças: o uso de bons hábitos, portanto, é crucial na vida adulta. Qualquer pessoa que tenha tentado iniciar uma prática desportiva desgastante após longos períodos de vida sedentária sabe que o único modo de conseguir é habituar-se a fazê-lo: se toda vez nos encontramos decidindo entre permanecer na poltrona ("só" hoje, naturalmente) ou enfrentar as intempéries e o cansaço, o ócio logo terá o controle. Por outro lado, a estratégia eficaz se baseia em hábitos rigorosos: por exemplo, ir correr todos os dias na mesma hora, considerando tal atividade como um compromisso já assumido e não algo a ser decidido todas as vezes. Se necessário, busca-se reforçar o caráter rígido do compromisso com "suportes externos": combinarmos de ir correr com outras pessoas, de modo a ficar de olho mutuamente no respeito à regra e acrescentando custos sociais à sua infração, ou então desde o princípio investir recursos no próprio plano (por exemplo, comprar um equipamento esportivo digno de um atleta olímpico), para tentarmos nos motivar a segui-lo – com todos os limites discutidos anteriormente.

Infelizmente, nem sempre é possível condicionar de forma rígida a própria conduta futura: em muitos casos, não existe a opção de amarrar-se ao mastro do navio, como Ulisses, e nem sempre se pode confiar no apoio de amigos ou parentes. Em circunstâncias parecidas, hábitos virtuosos podem ser facilitados por aqueles que o psicólogo Howard Rachlin chama de "compromissos suaves" (*soft commitments*): regras gerais cuja infração implica em um custo a ser pago (e, portanto, se trata de compromissos), mas que tal custo não é suficiente para tornar inevitável o respeito à regra (por isso o adjetivo "suave"). Um exemplo de compromisso suave é o propósito, comum a muitos treinos, de correr todos os dias alguns minutos a mais que no dia anterior – ou fazer certo número de flexões a mais, ou qualquer outro incremento progressivo de uma determinada atividade física. A regra desvia a atenção da escolha realmente problemática (ir ou não correr) de outra decisão, que já implica uma resposta ao primeiro dilema. Além disso, oferece uma perspectiva de melhora, mais do que uma escolha entre a manutenção do *status quo* (ir correr também hoje, como se fez nos dias anteriores) ou uma piora (não correr de modo algum e tornar-se preguiçoso). O objetivo é fazer com que o sujeito vá correr sem nem mesmo questionar-se e, caso questione-se, se irá continuar ou não quando o resultado principal (correr) já tiver sido atingido. Quando isso acontece, as bases para desenvolver um bom hábito já foram estabelecidas.

Um estudo experimental, conduzido por Rachlin e colegas, ilustra bem a potencial eficácia dos compromissos suaves. Os pesquisadores recrutaram certo número de fumantes, assegurando-se de que se tratava de pessoas sem intenção de parar de fumar: isto é, fumantes contumazes. Era pedido a eles simplesmente que monitorassem por determinado período o consumo cotidiano de cigarros: os participantes eram pagos para fazer isso, e era explicado a eles que o pagamento não dependia de nenhuma forma do quanto eles fumavam, ao passo que era essencial que as informações fornecidas fossem verídicas. O estudo era apresentado inicialmente como um reconhecimento dos hábitos dos fumantes, e não como uma tentativa de mudá-los. Após três semanas, metade dos indivíduos continuavam com a simples atividade de monitoramento, enquanto à outra metade pedia-se para tentar mudar não a quantidade de cigarros consumidos, mas a *variabilidade* no consumo de um dia a outro. Pedia-se a eles, especialmente, que fumasse quantos cigarros quisessem em um dado dia, mas depois procurar consumir exatamente o mesmo número (nem mais, nem menos) em cada dia da semana seguinte. Claramente, comprometer-se em manter constante o número de cigarros fumados por dia não implica por si só uma redução de tal número, nem essa redução era sugerida pelos pesquisadores: os indivíduos podiam muito bem decidir fumar no primeiro dia a quantidade de cigarros habitual para eles, ou uma quantidade maior, e então ater-se a tal nível de consumo nos dias sucessivos. Porém, observou-se uma nítida diminuição no número de cigarros fumados pelos indivíduos nessa condição, comparados ao grupo de controle. A explicação é simples, mas instrutiva: sugerir um consumo estável de cigarros leva as pessoas a concentrarem-se nos próprios hábitos de longo prazo, ao invés de fragmentar a escolha dia após dia, ou, pior ainda, de cigarro em cigarro. Tal mudança de perspectiva torna imediatamente atraente um menor consumo de cigarros, inclusive para fumantes que não pretendem parar!

O impacto dos compromissos suaves sobre o desenvolvimento de bons hábitos se relaciona também à importância das chamadas "linhas luminosas" (*bright lines*) ao formular regras de conduta. A expressão, introduzida por George Ainslie, se remete à noção legal de *bright line rule*, que na legislação anglo-saxã indica as normas cujo conteúdo não se coaduna a alguma ambiguidade interpretativa. Para usar uma expressão que se tornou tristemente popular no debate político, trata-se de regras "sem 'ses' nem 'mas'", de conteúdo unívoco e claro. Ao favorecer o respeito a bons propósitos e a eventual instauração de bons hábitos, as linhas luminosas servem substancialmente como antídoto às exceções: uma regra construída junto a linhas luminosas é, por definição, uma regra que não admite escapatórias, justamente por causa do modo em que é formulada. Conforme observa Ainslie, caso se deseje reduzir o próprio consumo de bebidas alcoólicas, as regras que podemos nos dar são variadas: limitar-se a beber um copo por dia, ou dois, ou três, ou mesmo poucos, ou talvez somente até quando não se inicie a perceber embriaguez. Mas é óbvio que a única regra livre de ambiguidade e, portanto, mais protegida de infrações, é a que prescreve não ingerir bebidas alcoólicas de forma alguma. Por outro lado, mesmo empenhar-se em um consumo moderado, um copo ao dia, por exemplo, abre portas a muitos escapes e brechas. Quando a tentação nos assolar, estaremos, de fato, aptos a nos consolar dizendo que, no fundo, o copo bebido anteriormente era tão pequeno que conta só como metade, ou não valia porque se tratava de um vinho muito leve, ou qualquer outra desculpa que a nossa fértil imaginação souber inventar, enquanto "nenhum copo" quer dizer somente *nenhum copo* e ponto final.

Infelizmente, em certos setores as linhas luminosas não existem, ou são mais difíceis de encontrar ou são menos brilhantes que em outros lugares. As dietas são um ótimo exemplo: aqui, a opção de *simplesmente* proibir-se o consumo de comida não é, obviamente, praticável; na verdade, quem vai nessa direção se expõe a danos (anorexia) bem mais graves que qualquer mal-estar psicológico ou físico que esteja buscando sanar. Isso faz com que as linhas brilhantes em relação à alimentação tornem-se escassas, e explica, segundo Ainslie, porque a longo prazo têm, em média, muito mais sucesso as tentativas de desintoxicar-se do álcool do que a continuidade de rígidos regimes alimentares. Isso não significa que não se possa e não se deva formular regras alimentares de modo claro e inequívoco, possivelmente equilibrando eficácia psicológica e validade nutricional. Sobre isso, muitas vezes a discussão entre médicos e pacientes é um diálogo entre surdos: do ponto de vista fisiológico, é evidente que manter uma dieta variada, em que se come de tudo com moderação, é preferível à abolição completa de classes inteiras de alimentos; porém, tal abolição é, para todos nós e com maior razão para os gulosos, muito mais fácil de se respeitar que a doutrina universal da moderação, justamente porque se atrela a uma linha luminosa ("nada de massas" significa nada de massas, sem margens de interpretação). Isso, entre outros aspectos, explica também o sucesso de público das mais variadas dietas, independentemente das evidências médicas de suas eficácias, contanto que deem indicações claras e simples. Para a comunidade médica, isolar-se na própria redoma de vidro e observar fenômenos parecidos como simples modas é uma reação equivocada e uma traição da própria missão: em vez disso, é preciso compreender que existem válidas razões psicológicas pelas quais tais dietas se tornam atraentes, baseadas em uma correta percepção dos próprios mecanismos motivacionais e não em ilusões ou estupidez. Trata-se, portanto, de aprender a aproveitar tais mecanismos em regimes alimentares que não sejam danosos do ponto de vista nutricional.

Características excelentes

Em *Ética a Nicômaco*, Aristóteles identifica dois modos diferentes com que uma pessoa pode conseguir se comportar segundo os próprios princípios: a *excelência* e a *moderação* – esta última geralmente indicada também como força de vontade. A pessoa excelente age apropriadamente porque as suas disposições internas (desejos, crenças, motivações etc.) as levam a fazê-lo, sem experimentar impulsos de comportar-se diferentemente: portanto, a sua escolha é livre de atritos e choques. Na verdade, a pessoa moderada é fortemente tentada a realizar ações diferentes daquelas que considera corretas e, no entanto, consegue impor-se a agir corretamente, muitas vezes ao final de uma áspera batalha interior. Até o momento, neste livro discutimos, sobretudo, a moderação, passando em revista os seus raros sucessos e os seus frequentes fracassos. Isso reflete uma intuição ética muito enraizada na nossa cultura, provavelmente de origem religiosa e geralmente retomada também no âmbito filosófico, como, por exemplo, em certas interpretações da moral kantiana: a ideia de que somente (ou sobretudo) o que ganhamos com dificuldade merece ser considerado eticamente relevante. Quem age bem porque simplesmente quer fazê-lo e sem sofrer alguma tentação nos parece intuitivamente menos merecedor do que quem deve lutar contra os próprios desejos e apetites para obter o mesmo resultado: a parábola do filho pródigo é exemplar nesse sentido. Uma boa ação conquistada com o próprio suor ou após um longo trabalho emocional vale mais que uma boa ação feita por "simples" inclinação de caráter.

Essa visão da moral, um pouco heroica e um pouco penitencial, não é isenta de méritos, mas tende a perder de vista a importância do *desenvolvimento do caráter*, isto é, da formação do indivíduo, que era central para Aristóteles. Apenas recentemente as intuições aristotélicas se voltaram prepotentemente ao centro das atenções na análise do comportamento e do autocontrole, tanto na Filosofia, com o crescente sucesso da ética da virtude, quanto na Psicologia, com o advento da chamada Psicologia Positiva. Essas abordagens colocam no centro da reflexão sobre a ação o caráter de quem a realiza, e nos lembram de uma simples, porém importante verdade: o modo mais seguro e menos doloroso de resistir às tentações é não tê-las.

Muitos reagirão a uma obviedade parecida com irritação, mais ou menos nos seguintes termos: "Bela descoberta! Se não fosse tentado a infringir os meus bons propósitos, não teria nenhum problema em realizá-los. E se adiar os compromissos não fosse tão atraente, certamente não procrastinaria em tudo. O problema é que *sou* tentado e devo lidar com esses desejos desenfreados... Portanto, que se enforque Aristóteles e todos aqueles como ele!". Antes, porém de queimar a efígie do filósofo de Estagira, ou o pobre autor desse livro, é melhor refletir. Obviamente, Aristóteles e eu somos bem conscientes do fato de que, quando as motivações não se alinham às nossas aspirações ideais, a moderação é o único caminho viável: justamente por isso tanto foi dito anteriormente sobre as formas de se obtê-la, e também o próprio Aristóteles teceu elogios sobre ela, considerando-a, inclusive, o preâmbulo da excelência. O ponto é outro: na nossa luta contra os "desejos indesejáveis", não devemos perder de vista o fato de que tais desejos não nascem do nada, mas são frutos de um longo processo formativo, sobre o qual somos capazes de exercer certo controle, se decidirmos fazê-lo. E a lição aristotélica se refere precisamente a essa obra de formação no tempo das nossas inclinações: isto é, Aristóteles nos convida a levar a sério o objetivo de melhorar os desejos sobre os quais deveremos então optar.

Isso não é nada impossível, nem insensato: pelo contrário, é, obviamente, a solução ideal, já que modificar as próprias inclinações de modo oportuno torna a conduta virtuosa segura e indolor, justamente porque não queremos mais nos privar. Não por acaso, isso é exatamente o que aspiramos ao educar os nossos filhos: buscamos infundir neles motivações e desejos que os levem a fazer de modo natural o que consideramos (e eles mesmos considerarão) correto e oportuno. Aristóteles convida-nos simplesmente a cuidarmos da nossa própria educação de forma parecida, e convida a sociedade a fazer o mesmo com todos os seus membros, principalmente através do desenvolvimento dos bons hábitos que discutimos há pouco.

O hábito, a longo prazo, modifica de fato também as preferências do indivíduo: após passar meses treinando cotidianamente, talvez com grande cansaço inicial, um belo dia nos damos conta que esparramar-se no sofá não é mais uma opção atraente. Aquela que era uma inclinação contrária aos nossos princípios não só desapareceu, mas, inclusive, se inverteu: agora sentimos um genuíno desejo de nos exercitarmos todos os dias, independentemente de qualquer imperativo ideal. Isso depende de muitos fatores: entre outros, sermos expostos seletivamente às consequências positivas da ação desejada, apreciáveis somente depois de uma sequência ininterrupta de execuções (por exemplo, nos sentimos vigorosos e energizados, e ficamos satisfeitos com a nossa forma física) e também a transformação desse comportamento em um fator identitário, um "modo de fazer" nosso, indicativo exato do nosso caráter e do tipo de pessoa que somos e queremos ser – o que obviamente protege das infrações, transformando-as em ameaças à nossa autoimagem.

Mais uma vez, trata-se de entender que a guerra interior por uma melhor gestão do nosso tempo se vence não só concentrando-se em uma batalha por vez, mas também, e sobretudo, definindo uma estratégia vencedora a longo prazo. Os justos esforços para não ceder às tentações do momento não devem nos distrair do objetivo de moldar melhor o nosso caráter, mesmo porque tal processo de formação continua por toda a nossa vida. As conquistas obtidas em tal campo são também as mais duráveis: infelizmente são também difíceis, porque não podemos ligar e desligar os nossos desejos quando queremos. Mas o exercício disciplinado de comportamentos virtuosos conduz aos resultados esperados, e devemos nos lembrar disso, sobretudo quando somos tentados a ceder. A nossa luta contra o desejo do cigarro, do bolo, do sofá, da procrastinação, não é só uma luta pela nossa saúde, nossa autoestima, nosso sucesso profissional ou mesmo nossa felicidade. É, sobretudo, uma luta para *melhorar a nós mesmos*: se tivermos sucesso, teremos nos tornado pessoas melhores e mais livres. Sem querer cair no lugar comum: nunca é tarde para fazê-lo.

Esperar, mas com discernimento

Como prometido, este último capítulo ofereceu um rápido panorama sobre os muitos modos como se pode aprender a esperar e, em geral, gerenciar melhor o próprio tempo: formular resoluções pessoais e observar-se bem ao fazer exceções, prestar atenção ao que ajuda a persistir e distrair-se do que induz a ceder, antecipar estrategicamente as vivências emocionais associadas a condutas indesejáveis, manipular a situação para que seja impossível ou danoso agir diversamente do planejado, desenvolver bons hábitos seguindo regras claras e inequívocas, e, sobretudo, conduzir todos esses esforços para a formação de motivações mais alinhadas com as próprias aspirações ideais. Nada disso é fácil, como foi repetidamente descrito. Mas tudo é praticável, sem necessidade de dotes ou talentos específicos. E mesmo as longas discussões sobre as muitas armadilhas em que se pode cair vão se tornar, espero, mais fáceis de evitar.

Porém, por mais importante que seja o desenvolvimento do autocontrole na gestão do tempo, nos capítulos anteriores vimos também os riscos e os danos produzidos por excessos nesse sentido. Portanto, a solução para reconciliar as duas faces da espera – virtude e vício – não pode deixar de ser uma doutrina da *moderação*, mais uma vez inspirada em Aristóteles e na noção de "justa medida". Ainda que aprender a resistir às sugestões seja fundamental, isso não deve se traduzir em renúncia, *a priori*, de qualquer recompensa imediata, e mesmo a paciência é temperada pela tolerância saudável no enfrentamento das próprias exigências presentes. Do mesmo modo, se é verdade que a procrastinação é combatida com tenacidade, esta não deve ser confundida com o ocasional e temporário retorno a um ritmo de vida, sobretudo profissional, menos frenético e obsessivo: algumas vezes, adiar um compromisso é uma saudável válvula de escape, não uma forma de evitá-lo. Outras vezes, a procrastinação serve para abandonar projetos excessivamente ambiciosos, aos quais se dedicar verdadeiramente seria fonte de desapontamento e sofrimento, protegendo ao mesmo tempo a nossa autoestima.

Se desejar usar uma analogia, a mente do decisor saudável é *democrática* em relação à espera, e não monárquica: nem o presente nem o futuro os impõem uma ditadura, mas expressam as respectivas instâncias, e, em cada caso, o vencedor depende de uma avaliação sensível ao contexto, não de abandono ao calor do momento ou à compulsão do futuro. Evitar tanto a impulsividade quanto a preguiça, tanto a excessiva tolerância quanto a excessiva moderação: tudo isso requer um constante exercício de discernimento. E somente quem espera com discernimento aprendeu verdadeiramente a esperar.

PARA SABER MAIS

Apesar do enorme volume de pesquisas sobre a nossa propensão a esperar, sobre os seus limites e as suas formas de superação, relativamente pouco foi traduzido em português. Os dois textos mais importantes, por exemplo, estão atualmente disponíveis somente em língua inglesa: H. Rachlin, *The Science of Self-control*, Cambridge, Harvard University Press, 2000 e G. Ainslie, *Breakdown of Will*, Cambridge, Cambridge University Press, 2001. Considerações interessantes sobre aspectos específicos da questão se encontram também em D. Ariely, *Previsivelmente irracional*, Rio de Janeiro, Elsevier, 2008 (sobretudo o capítulo 6), e em dois livros de Jon Elster: *Ulysses and the Sirens: Studies in Rationality and Irrationality*, Cambridge, Cambridge University Press, ed. rev., 2013 e *Ulisses liberto: estudos sobre racionalidades, pré-compromisso e restrições*, São Paulo, Unesp, 2009.

Sobre as escolhas intertemporais, introduzidas no primeiro capítulo, um panorama e um enquadramento teórico se encontra em F. Paglieri e C. Castelfranchi, *Decidere il futuro: teoria degli scopi e scelta intertemporale*, em "*Giornale italiano di psicologia*", 35(4), 2008, pp. 743-775; detalhes adicionais em G. Berns, D. Laibson e G.

Loewenstein, *Intertemporal choice: Toward an integrative framework*, em "*Trends in Cognitive Sciences*", 11, 2007, pp. 482-488. Os estudos sobre saguis colombianos e brasileiros estão descritos em dois artigos: J. Stevens, E. Hallinan e M. Hauser, *The ecology and evolution of patience in two New World primates*, em "*Biology Letters*", 1, 2005, pp. 223-226; J. Stevens, A. Rosati, K. Ross e M. Hauser, *Will travel for food: Spatial discounting in two New World monkeys*, em "*Current Biology*", 15, 2005, pp. 1855-1860. O texto do marshmallow é bem apresentado em W. Mischel, U. Shoda e M. Rodriguez, *Delay of gratification in children*, em "*Science*", 244, 1989, pp. 933-938; porém uma revisão atualizada sobre os estudos longitudinais que o seguiram se encontra em B. Casey et al., *Behavioral and neural correlates of delay os gratification 40 years later*, em "*Proceedings of the National Academy of Sciences*", 108(36), 2011, pp. 14998-15003. A citação de Locke pode ser encontrada em *Alguns pensamentos sobre a educação*, Coimbra, Almedina, 2012. As relações entre adiamento da recompensa e cooperação são discutidos em J. Stevens e M. Hauser, *Why be nice? Psychological constraints on the evolution of cooperation*, em "*Trends in Cognitive Sciences*", 8(2), 2004, pp. 60-65.

A descrição do bêbado de William James se encontra em seus *Princípios de Psicologia*, São Paulo, Abril Cultural, 1974; a tradução do passo citado é minha, a partir da versão original em inglês (1890, p. 565). A noção de desconto temporal, o modelo de desconto hiperbólico e as suas relações com a inversão temporal das preferências são amplamente discutidas no texto de G. Ainslie (2001) anteriormente citado, onde se descreve também o conflito interno de interesses que se gera no decisor em diversos instantes no tempo. A noção de conflito intrapessoal é então retomada e analisada novamente em D. Read, *Intrapersonal dilemas*, em "*Human Relations*", 54(8), 2001, pp. 1093-1117. A hipótese de que o desconto temporal tenha evoluído para gerenciar a incerteza sobre os eventos futuros é desenvolvida de modo matematicamente preciso em P. Sozou, *On hyperbolic discounting and uncertain hazard rates*, em "Proceedings of the Royal Society of London, Series B", 265, 1998, pp. 2015-2020. Quanto ao papel do desconto temporal na determinação das relações de causa-efeito, veja-se G. Schino e F. Aureli, *Reciprocal altruism in primates: Partner choice, cognition and emotions*, em "Advances in the Study of Behavior", 39, 2009, pp. 45-69. Os recentes estudos sobre a relação entre percepção logarítmica da duração e desconto temporal estão resumidos em A. Delfino, *Percepire il tempo e scontare il valore. Un'analisi critica dei modelli di sconto temporale*, em "Sistemi Intelligenti", 23(3), 2011, pp. 505-541. O impacto dos fatores viscerais sobre as escolhas é discutido em G. Loewenstein, *Out of control: Visceral influences on behavior*, em "Organizational Behavior and Human Decision Processes", 65(3), 1996, pp. 272-292; um estudo recente sobre o efeito de estímulos sexuais sobre as escolhas econômicas, que resume também pesquisas anteriores, é de B. K. Kim e G. Zauberman, *Can Victoria's Secret change the future? A subjective time perception account of sexual-cue effects on impatience*, em "Journal of Experimental Psychology: General", 142(2), 2013, pp. 328-335; os dados sobre os erros de previsão nas mulheres grávidas, por sua vez, são apresentados em J. Christensen-Szalanski, *Discount functions and the measurement of patients' values: Women's decisions during childbirth*, em "Medical Decision Making", 4, 1984, pp. 47-58. O tema da viagem mental no tempo e os estudos comparados sobre a sua evolução aqui lembrados são bem introduzidos em E. Cosentino, *"Mental Time Travel": una prospettiva evolutiva*, em "Sistemi Intelligenti", 23(3), 2011, pp. 485-504. Uma análise sobre o desenvolvimento dessa habilidade nas crianças se encontra em C. Atance, *Future thinking in Young children*, em "Current Directions in Psichological Science", 17, 2008, pp. 295-298. A teoria de Parfit sobre o papel da conectividade psicológica ao determinar a identidade pessoal é elaborada em D. Parfit, *Reasons and Persons*, Oxford, Oxford University Press, ed. rev. 1986, enquanto os estudos experimentais sobre as relações com a propensão à espera foram retirados de D. Bartels e L. Rips, *Psychological connectedness and intertemporal choice*, em "Journal of Experimental Psychology: General", 139(1), 2010, pp. 49-69. A hipótese sobre a função benéfica da religião no autocontrole é discutida em M. McCullough e B. Willoughby, *Religion, self-regulation, and self-control: Associations, explanations, and implications*, em "Psychological Bulletin", 135(1), 2009, pp. 69-93; ao passo que a comparação entre Oriente e Ocidente e os dados sobre os vários efeitos do catolicismo e calvinismo são publicados em F. Paglieri, A. Borghi, L. Colzato, B. Hommel e C. Scorolli, *Heaven can wait: How religion modulates temporal discounting*, em "Psychological Research", 77(6), 2013, pp. 738-747.

Os custos da espera e as diferenças entre adiar e esperar discutidas no terceiro capítulo são analisados em F. Paglieri, *The costs of delay: Waiting versus postponing in intertemporal choice*, em "Journal of the Experimental Analysis of Behavior*", 99(3), 2013, pp. 362-377; o experimento que compara animais e chimpanzés em tarefas parecidas é descrito em A. Rosati, J. Stevens, B. Hare e M. Huaser, *The evolutionary origins of human patience: Temporal preferences in chimpanzés, bonobos, and human adults*, em "Current Biology", 17, 2007, pp. 1663-1668. No que diz respeito aos efeitos da autodistração sobre a capacidade de esperar, os estudos sobre as crianças se encontram resumidos no texto de W. Mischel et al. (1989), citado anteriormente. Os arrependimentos ligados às escolhas intertemporais, o modo como se alteram com o passar do tempo e as suas influências nas escolhas presentes são discutidos em três artigos: R. Kivetz e I. Simonson, *Self-control for the righteous: Toward a theory of precommitment to indulge*, em "Journal of Consumer Research", 29, 2002, pp. 199-217; R. Kivetz e A. Keinan, *Repenting hyperopia: An* *analysis of self-control regrets*, em "*Journal of Consumer Research*", 33, 2006, pp. 273-282; A. Keinan e R. Kivetz, *Remedying hyperopia: The effects of self-control regret on consumer behavior*, em "*Journal of Marketing Research*", 45, 2008, pp. 676-689.

Sobre a procrastinação, uma das melhores contribuições é ainda o artigo de M. Silver e J. Sabini, *Procrastinating*, em "*Journal for the Theory of Social Behaviour*", 11(2), 1981, pp. 207-221. Uma recente coletânea de ensaios lida com o tema a partir de várias perspectivas filosóficas: C. Andreou e M. White (organizadores), *The Thief of Time: Philosophical Essays on Procrastination*, Oxford, Oxford University Press, 2010. As observações sobre a neurose da fotocópia estão presentes em U. Eco, *Como se faz uma tese*, São Paulo, Perspectiva, 1996, e em seu ensaio de 1981, *A biblioteca*, Lisboa, Difel, 1994. O uso estratégico dos prazos para organizar o trabalho no tempo é discutido em D. Ariely e K. Wertenbroch, *Procrastination, deadlines, and performance: Self-control by precommitment*, em "*Psychological Science*", 13(3), 2002, pp. 676-689; uma discussão menos técnica e mais geral se encontra também no sexto capítulo do livro de D. Ariely (2008) já citado. A ideia da procrastinação estruturada é analisada em J. Perry, *A arte da procrastinação*, São Paulo, Paralela, 2014; mais detalhes no site www.structuredprocrastination.com, também organizado por Perry.

Muitos textos tratam sobre as estratégias úteis para melhorar a própria gestão do tempo e aprender a esperar. O uso de resoluções pessoais e os riscos ligados a elas são aprofundados no livro de G. Ainslie de 2001, já citado, enquanto o trabalho de Mischel et al., datado de 1989, também já citado, oferece um bom panorama sobre os usos da autodistração nas crianças; os resultados com os chimpanzés são, porém, publicados em T. Evans e M. Beran, *Chimpanzees use self-distraction to cope with impulsivity*, em "*Biology Letters*", 3, 2007, pp. 599-602. A noção de *precommitment* como estratégia de autocontrole foi primeiramente introduzida em T. Schelling, *Choice and Consequence*, Cambridge, Harvard University Press, 1984, e então reelaborada nos livros de J. Elster, lembrados anteriormente. Uma apresentação sucinta das várias técnicas de *precommitment* se encontra em F. Paglieri, *Estender ela volontà: si può fare?*, em "*Sistemi Intelligenti*", 24(1), 2012, pp. 87-98; um aprofundamento sobre as suas aplicações às escolhas de investimento é proposto em D. Laibson, *Golden eggs and hyperbolic discounting*, em "*Quarterly Journal of Economics*", 112, 1997, pp. 443-477. O estudo sobre a frequência nas palestras é descrito em S. Della Vigna e U. Malmendier, *Paying not to go to the gym*, em "*American Economic Review*", 96(3), 2006, pp. 694-719, sendo que a principal referência sobre os custos de oportunidade são H. Arkes e C. Blumer, *The psychology of sunk cost*, em "*Organizational Behavior and Human Decision Process*", 35, 1985, pp. 124-140. A citação de Willian James foi extraída de *The laws of habit*, em "*Popular Science Monthly*", 30(4), 1887, pp. 433-452; aqui usei a tradução italiana, publicada no oitavo capítulo de *Discorsi agli insegnanti e agli studenti sulla psicologia e su alcuni ideali di vita*, Roma, Armando, 2003. A noção de "compromissos suaves" é aprofundada no livro de H. Rachlin de 2000, já a de "linhas luminosas" é discutida no volume de G. Ainslie de 2001, ambos já mencionados. As considerações de Aristóteles sobre excelência e moderação, bem como a doutrina das "justas medidas", estão em grande parte presentes na *Ética a Nicômaco*, São Paulo, Martin Claret, 2015; para os que não são profissionais da área, uma excelente introdução à ética aristotélica se encontra em J. O. Urmson, *Aristotle's Ethics*, Oxford, Blackwell, 1988. Um dos textos contemporâneos de referência sobre a ética da virtude é P. Foot, *Natural Goodness*, Oxford, Clarendon Press, 2001; o papel da virtude na Psicologia Positiva é explorado em B. Fowler, *Virtue and Psychology: Pursuing Excelence in Ordinary Practices*, Washington D.C., Apa Press, 2005.

Rua Dona Inácia Uchoa, 62
04110-020 – São Paulo – SP (Brasil)
Tel.: (11) 2125-3500
http://www.paulinas.com.br – editora@paulinas.com.br
Telemarketing e SAC: 0800-7010081